日蓮正宗の冠婚葬祭

はじめに

このたび、『日蓮正宗の冠婚葬祭』を発刊することになりました。

冠婚葬祭は、それぞれの幸せや成仏を願って行われるものですが、それが正しい法義によって行われなければ、不幸な結果を招く原因となってしまいます。

本宗においては、正しい御本尊のもと、日蓮大聖人の法義にもとづいて冠婚葬祭を行うことにより、その功徳を当事者はもとより、そこに列するすべての人が享受《きょうじゅ》し、幸せな境界を切り開くことができるのです。

各位には、人生の節目における一つひとつの行事を、本宗の教えに従って行い、いよいよ福徳溢《あふ》れる日々を送ってくださるよう念願します。

大日蓮出版

CONTENTS

冠

婚

葬

祭

凡　例

一、本文中に用いた文献の略称は、次の通りです。

御　　書――平成新編日蓮大聖人御書（大石寺版）
法 華 経――新編妙法蓮華経並開結（大石寺版）
聖　　典――日蓮正宗聖典（大石寺版）
六 巻 抄――日寛上人六巻抄（大石寺版）
御書文段――日寛上人御書文段（大石寺版）

一、難解な引用文には、できるかぎり通釈を加えました。

一、本書における内容や方法は、地域の慣習等によって異なることがあります。詳しくは、所属寺院の住職・主管にお尋ねください。

冠

- 初参り
- 七五三祝
- 成人式

初参り

日蓮正宗における初参《はつまい》りは、子供が初めて寺院の御本尊にお目通《めどお》りをし、御授戒《ごじゅかい》を受ける厳粛な儀式です。

この初参りは、子供を健《すこ》やかに成長させ、家庭の和楽や子孫の繁栄をもたらすとともに、広布《こうふ》達成のもとになります。

子供は孝子《こうし》

私たちにとって子供は、現世では親の意志を継いで一族を支え、守り、亡くなったあとは追善供養《ついぜんくよう》によって成仏《じょうぶつ》に導いてくれる、まさに「孝子」というべき大切な存在なのです。

そのことを、日蓮大聖人は『経王御前《きょうおうごぜん》御書《ごしょ》』に、

「現世には跡《あと》を継《つ》ぐべき孝子である。また後生《ごしょう》には、この子に導かれて仏に

アドバイス

初参りの時期

世間では、初参りの期日について、生後《せいご》３０日、あるいは１００日とさまざまです。

本宗では、何日目に行うという定めはありません。赤ちゃんに、外出するのに支障をきたさない程度の抵抗力がついてからでよいでしょう。

成られるであろう」（御書六三五㌻取意）

と教えられています。

子供には使命がある

妙法を受持《じゅじ》する親のもとに生まれる子供は、正しい信仰を受け継ぎ、広宣《こうせん》流布《るふ》を進める尊《とうと》い使命を持っています。

大聖人は『四条金吾女房御書』に、

「あなた方夫婦は、共に法華経を受持する人である。法華経流布《るふ》の種を継《つ》ぐ玉のような子供が生まれることは、まことにめでたいことである。あなた方の色心《しきしん》の二法を継ぐ人であるのだから」（同四六四㌻取意）

と仰せられています。

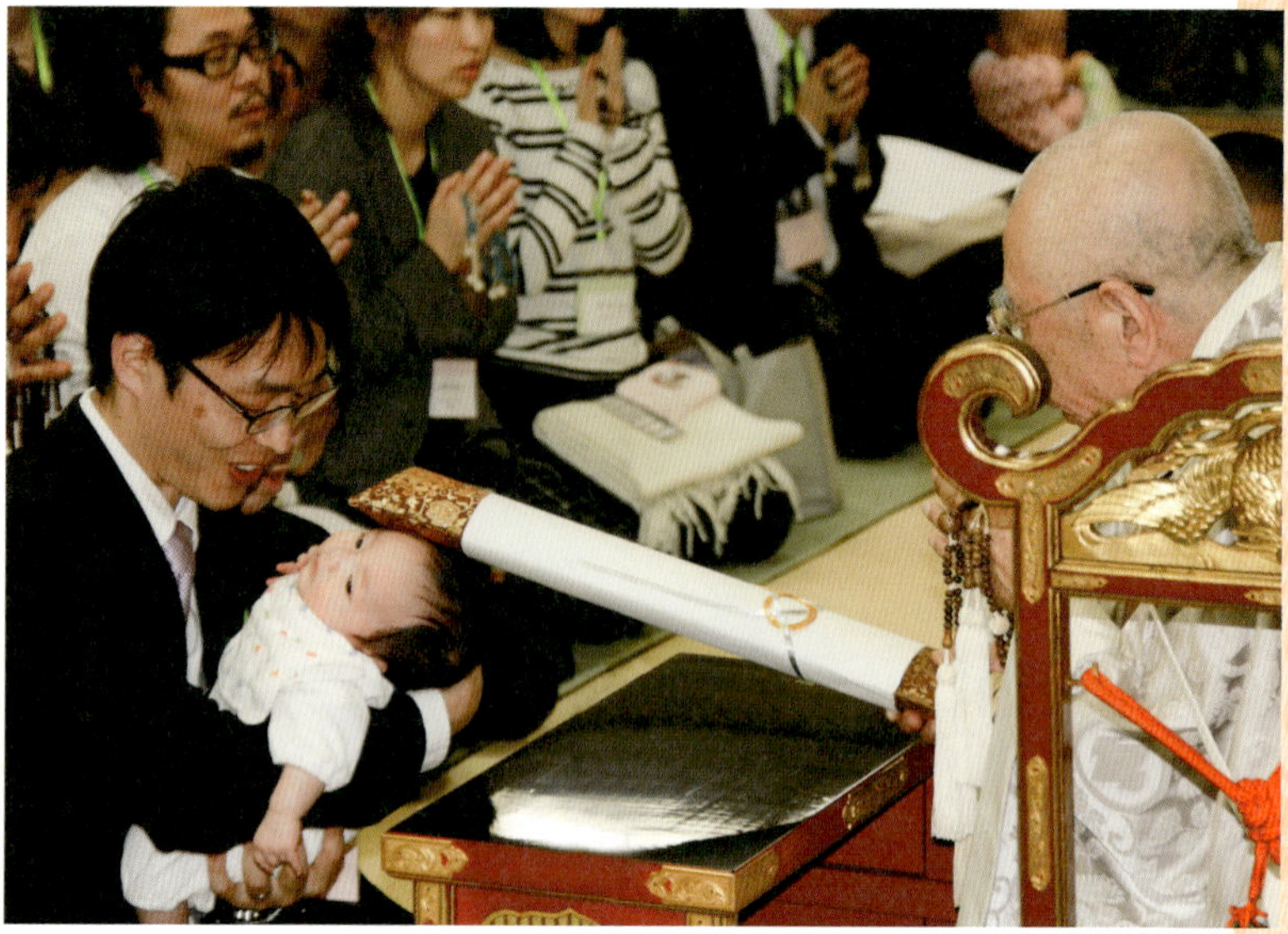

このように、大聖人は信仰している夫婦のもとに生まれる子に対し、大きな期待を寄せておられます。

子供の未来を左右する御授戒

初参りの際は、必ず御授戒をお受けします。大聖人は『教行証《きょうぎょうしょう》御書』に、

「法華経の本門の肝心《かんじん》である妙法蓮華経は、三世の諸仏の万行万善の功徳《くどく》を集めて五字としたものである。この五字の内にどうして万戒の功徳を納《おさ》めていないことがあろうか。この具足《ぐそく》の妙戒は一度持《たも》てば、後《のち》に行者が破ろうと

しても破ることができない。故に、これを金剛宝《こんごうほう》器《き》戒《かい》と言うのである」
（同一一〇九ページ取意）

と仰せられています。

御授戒は、あらゆる功徳がそなわっている最も勝《すぐ》れ、最も尊い御本尊のもと、子供の現在と未来にわたる幸せ、成仏《じょうぶつ》のために、金剛宝器戒という妙戒を授《さず》けていただく、きわめて重要な儀式です。

親は、子供の誕生を御本尊に御礼《おんれい》申し上げるとともに、赤ちゃんが健全に成長し、広布のお役に立ち、社会にも貢献できる人となるよう、祈念すべきです。

アドバイス

御住職に命名をお願いすることも

仏法では、名前には重要な意義があると教えています。ですから、命名の際は慎重に考えるべきです。

御住職にお願いする場合は、両親の名前と誕生した子の生年月日、性別などを申し出ます。

アドバイス

安産祈願《きがん》

寺院では、安産祈願を受け付けています。

用紙に氏名、出産予定日などを記入し、御供養を添えて申し込みます。

なお詳細は、寺院にお尋ねください。

他宗での初参りは謗法《ほうぼう》

世間では、初参りのことを「お宮参《みやまい》り」とも言って、神社に参拝する習《なら》わしがあります。

しかし大聖人は、

「謗法《ほうぼう》の国土《こくど》となったため、守護の善《ぜん》神《じん》は法味《ほうみ》に飢《う》えて社《やしろ》を捨てて天に上《のぼ》られた。このため、社には悪鬼《あっき》が入り込んで多くの人を不幸に陥《おとしい》れている。堂塔《どうとう》や寺社はすでに魔のすみかとなり、国費《こくひ》と民《たみ》の労役《ろうえき》によって、いらかを並べて建っているだけである」

（新池《にいけ》御書・御書一四五八ジペー取意）

と教えられています。

したがって私たちは、けっして神社などへ赤ちゃんを連れていってはいけないのです。

神社や他宗寺院への参拝は、かえって悪業を積み、不幸を招くことになります

まめまめ知識

お食い初《ぞ》めについて

お食い初め（百《もも》日《か》祝《いわい》）の習わしは、平安時代から始まったといわれています。「箸《はし》初《ぞ》め」「箸揃《ぞろ》え」とも言います。子供が一生食べることに困らないようにという願いを込めて、食事の真似《まね》をさせます。

地方によって時期は異なりますが、一般的には生後１００日のころです。子供の体調を見ながら日にちを選びましょう。

お膳の一例

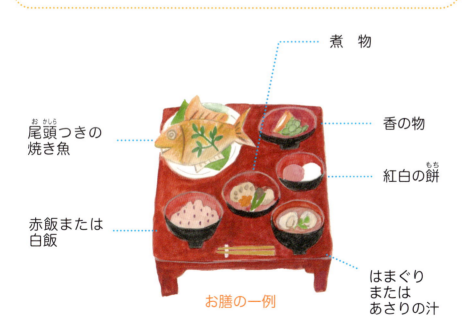

七五三祝《いわい》

三歳の男女児、五歳の男児、七歳の女児を対象に、子供の成長を祝う儀式《ぎしき》として、十一月十五日に行われます。

子供は宝　健《すこ》やかな成長を

各寺院では、七五三の日に、仏法にもとづいた祝儀《しゅうぎ》を行っています。

日ごろから寺院の参詣を心がけることはとても大切です。とりわけ、わが子の成長の節目《ふしめ》に、正法《しょうぼう》の寺院に参詣し、無病息災などを御祈念していただくことは、仏法上、大きな意義があります。

日蓮大聖人は、

「女子は嫁《とつ》いで他家の繁栄を助け、男子は家を継《つ》ぐのである。たとえ日本国を治《おさ》める身となっても、子供がいなければ誰《だれ》に継がせるというのか。世界に満《み》ちるほどの財宝を得ても、子供がいなければ誰に譲《ゆず》るというのか」

（上野殿御返事・御書一四九四㌻取意）

また、

「子にすぎたる財《たから》なし、子にすぎたる財なし」(千日尼御返事・同一四七八ページ)と仰《おお》せられて、子供は無上《むじょう》の宝であると教えられています。

子供は、親にとってはもちろんのこと、社会にとっても得がたい宝です。特に本宗にあっては、大聖人の仏法を受持《じゅじ》し、広布《こうふ》の使命《しめい》を果たしてゆく大事な後継者《こうけいしゃ》となります。

その意味からも、七五三祝は単なる世間的な祝いの慣習であるなどと考えてはなりません。

私たちにとっては、御本尊に子供のこれまでの成長を御礼《おんれい》申し上げ、立派な人に成長し、広布の人材となるよう祈念《きねん》する、重要な儀式です。

十一月十五日は
日目上人 祥月《しょうつき》の命日

第三祖日目上人　常随給仕の図

第三祖日目上人《にちもくしょうにん》は、元弘《げんこう》三（正慶《しょうきょう》二・一三三三）年十一月十五日に入滅《にゅうめつ》されました。

本宗には古来《こらい》、「広宣流布の暁《あかつき》には日目上人が再来される」という言い伝えがあります。

日目上人のご入滅の日に、広布の使命を担《にな》う子供の七五三祝をすることは、仏法の上から大きな意義と功徳《くどく》があります。寺院に参詣し、御本尊に子供がここまで成長した御礼を申し上げ、今後いっそうの健《すこ》やかな成長と信心倍増をお祈りしましょう。

アドバイス

七五三祝の服装は？

七五三祝と言えば、羽《は》織《おり》袴《はかま》・着物というイメージがありますが、けっしてこだわる必要はありません。

寺院に参詣し、御本尊の御前で、子の健やかな成長を祈念していただく儀式ですから、それにふさわしい服装で臨《のぞ》みましょう。

まめまめ知識

数《かぞ》え年《どし》、それとも満年齢？

少し前までは、生まれた年を１歳として計算する「数え年」で行っていました。現在では、生まれた翌年の誕生日を１歳とする「満年齢」で行うほうが多いようです。

アドバイス

お祝いをする時期

世間では、10月～11月に行っているようです。

本宗では、11月15日を中心に、家族の都合《つごう》の良い日に寺院に参詣《さんけい》します。

日程は、早めに寺院に相談しましょう。

コラム　a column

◆七五三祝のはじまり

もとは公家《くげ》・武家《ぶけ》の風習でした。３歳になると男女とも、それまで剃《そ》っていた髪《かみ》を伸ばし始める「髪置《かみお》き」、５歳は男児が初めて袴《はかま》をつける「袴着《はかまぎ》」、７歳は女児が着物の付帯《つけおび》を取り、帯《おび》を初めて締《し》める「帯解《おびと》き」などの儀式が行われました。

５歳
男　児
「袴着の式」

３歳
男女児
「髪置きの式」

７歳
女　児
「帯解きの式」

七五三祝は、江戸時代の中期ごろから11月15日に行うようになったと言われています。根拠には諸説ありますが、一つには、この日が一般に鬼宿日《きしゅくび》と言われ、婚礼以外の万事《ばんじ》を行うのに吉日と考えられていたことによります。

また、徳川５代将軍綱吉《つなよし》の子・徳松《とくまつ》の祝儀《しゅうぎ》が、天和《てんわ》元（1681）年11月15日に行われ、これが一般化して、この日に行われるようになったとも伝えられています。

成人式

現在日本では、「国民の祝日に関する法律」に定められている「成人の日」に、成人年齢を迎えた青年男女に対し成人式が行われています。

本宗寺院でも、毎年の「成人の日」に合わせて、成人式が執《と》り行われます。

信心によって真の大人に

私たちが社会人としての良識《りょうしき》を培《つちか》い、立派な人格と品性《ひんせい》を身につけるためには、妙法への信心が欠かせません。

大聖人は『観心本尊抄《かんじんのほんぞんしょう》』に、

「天が晴れると大地をはっきり見渡すことができるように、法華経《ほけきょう》の教えを信ずる者は、世間の事柄《ことがら》も会得《えとく》することができる」（御書六六二ジペー取意）

と仰せられ、法華経の信仰に励むことによって、おのずと世間の事柄についてもわきまえることができる、とご教示《きょうじ》されています。

したがって私たちは、自身の勝手な都合《つごう》や思いだけで行動するのではなく、あくまでも御本尊への信仰を根本とし、大聖人の教えにもとづいて、みずからを律《りっ》し、信行に精進《しょうじん》していくべきです。

このように私たちは、正法の信仰によってのみ、成人にふさわしい立派な人間に成長していくことができることを、けっして忘れないようにしましょう。

本宗の成人式

本宗では寺院に参詣《さんけい》し、まず御本尊に報恩感謝《ほうおんかんしゃ》を申し上げ、無事に成人したことをご報告します。

大聖人は、

「御本尊から離れるならば、いつも地獄の境界《きょうがい》となってしまう」（上野殿後家尼御返事・御書三三六ジペー取意）

と仰せられ、また、

「一生を空《むな》しく過ごして、万年にわたる悔《く》いを残すようなことがあってはならない」

（富木《とき》殿御書・同一一六九ジペー取意）

とも誡《いまし》められています。
いつ、どこにあっても、けっして御本尊から離れず、尊い一生を無駄《むだ》に過ごすことがないよう、また広宣《こうせん》流布《るふ》の尊い人材として、さらに立派な社会人に成長することをお誓いするところに、真の成人式の意義があります。

仏法用語 聖人《しょうにん》・大人《だいにん》

『開目抄《かいもくしょう》』に「仏世尊は実語の人なり、故に聖人《しょうにん》・大人《だいにん》と号《ごう》す」（御書５２９ページ）とあります。つまり、仏とは「大人」「聖人」とも称するのです。

私たちが「大聖人」と呼称させていただくのは、大人と聖人という二つの言葉を合わせた「御本仏様」という意味から申し上げます。

婚

結婚式

結婚式

夫婦となることは宿世《しゅくせ》の因縁《いんねん》であって、けっして偶然ではありません。

深い因縁の道理を説く、仏法にもとづいた結婚式を挙げてこそ、福徳《ふくとく》に包まれた和楽の家庭を築くことができます。

まめまめ知識

大安《たいあん》などの六曜《ろくよう》とは？

六曜とは、中国で吉凶占《きっきょううらな》いとして古くから行われていたものが、室町《むろまち》時代に日本に伝えられ、江戸時代に現在の形になりました。

六曜の決め方は、旧暦の１月１日を先勝《せんしょう》、２月１日を友引《ともびき》というように、機械的に割り振っただけのものです。

したがって、「結婚式の日取りは大安に」などとこだわる必要はありません。

大切な結婚式

日蓮正宗の結婚式は、御本尊の御前において行います。これには、御本尊に対し、夫婦となる二人が力を合わせて正法興隆《しょうぼうこうりゅう》に精進《しょうじん》することを誓い、家運《かうん》の隆昌《りゅうしょう》、子孫の繁栄《はんえい》、法統《ほっとう》相続などを祈念《きねん》するという大切な意義があります。

二人の新たな出発に当たり、まず、正しい教えのもとで結婚式を挙げることが何よりも重要となります。

夫婦となることは

大聖人は、夫婦の関係について『兄弟抄《きょうだいしょう》』に、次のように仰《おお》せられています。

「夫と妻とは、今生《こんじょう》だけではなく、世々生々《せせしょうじょう》にわたって、影と身と、花と果実《かじつ》と、根と葉のように寄り添《そ》うのである」（御書九八七ジペー取意）

つまり、文字どおり一体である夫婦とは、けっして今世で偶然巡《めぐ》り会ったのではなく、過去世からの深い因縁によって結ばれているということです。

また、二人が力を合わせることによってはじめて家庭の和楽《わらく》、家族の繁栄《はんえい》を築くことができ、広宣流布《こうせんるふ》のお役に立てるのです。

アドバイス
参列者の服装

寺院での結婚式に列席する際に「どんな服装がふさわしいの？」「洋装なら、ブラックフォーマル？」などと聞く人もいます。

たしかに厳粛《げんしゅく》な儀式ですから、できれば色味の強い装いや、過度の装飾《そうしょく》は避けたいところです。

２人の新たな門出を祝うのにふさわしい服装を心がけましょう。

アドバイス
お供え物は？

御造酒《おみき》（日本酒）、お盛物《もりもの》（季節の果物やお菓子などを盛ったもの）など、御本尊にお供《そな》えするのにふさわしいものを選んで、持参するとよいでしょう。

また、お供えするお酒には「御造酒／○○家　○○家」、果物かごなどには「御供養／○○家　○○家」等の「のし紙」を付けます。

詳しいことは、寺院に相談してください。

◆結婚式の流れ（一例）

入場

新郎・新婦、両家の親族、媒酌人《ばいしゃくにん》（仲人《なこうど》）等が入場し、基本的には左図のように着席します。

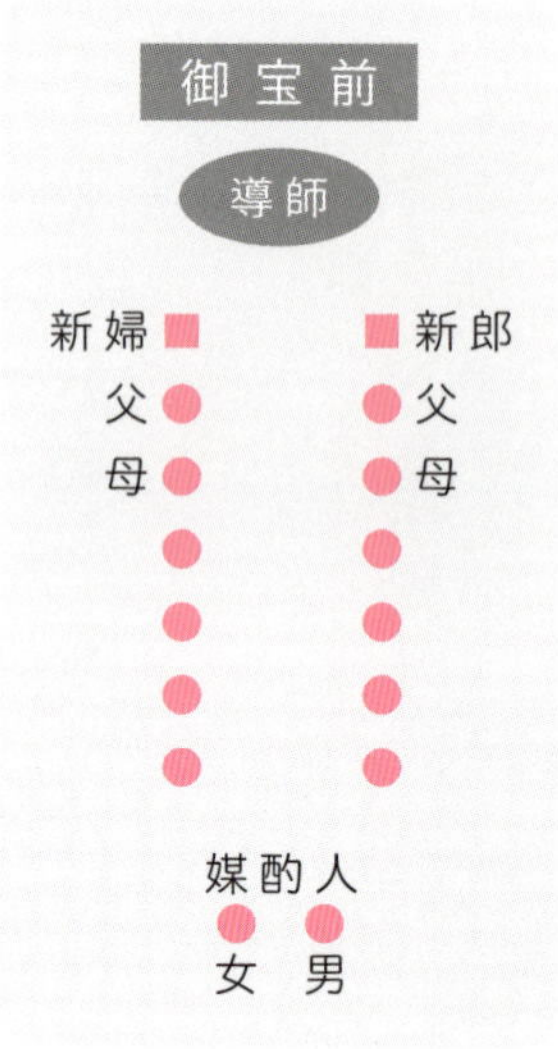

読経・唱題

導師が着座し、読経《どきょう》（方便品・寿量品自我偈）、唱題を行います。新郎・新婦と参列者は導師に合わせて読経・唱題します。

杯の儀

新郎・新婦が「三三九度杯《さんさんくどさかずき》の儀」を、次に親子、兄弟、親族、媒酌人の順に「固めの杯」を行います。

諭　戒

導師より新郎・新婦に対し、大聖人のご教示および結婚生活の心構えを示す「諭戒文《ゆかいもん》」が読み上げられます。

媒酌人挨拶

媒酌人は儀式を見とどけ、結婚式が滞《とどこお》りなく整った旨《むね》の挨拶をします。

●媒酌人がいない場合は、導師または給仕が挨拶します。

退　場

題目を三唱し、導師の退座後、一同も退場します。

（寺院によって、多少の異なりがあります）

アドバイス

三三九度杯《さかずき》の儀

三三九度杯の儀とは、新郎・新婦が交互に小・中・大の杯を用いて御造酒《おみき》をいただき、夫婦の契《ちぎ》りを交《かわ》すことです。

杯の儀は、

①小杯　新婦→新郎→新婦

②中杯　新郎→新婦→新郎

③大杯　新婦→新郎→新婦

の順番で行います。

杯に御造酒が注がれたら３回に分けて頂きます。ただし、お酒が飲めない人は、杯に口をつけるだけで、無理をすることはありません。

アドバイス

相手が未入信の場合

新郎になる方か、新婦になる方のどちらかが入信していれば、寺院の御宝前で結婚式を挙げることができます。

とはいっても、大聖人は「正しい信仰によってのみ幸せになれる」と教えられています。しかも、最初が肝心です。ですから最も望ましいのは、相手に入信を勧め、二人とも日蓮正宗の信徒となって挙式をすることです。

詳しいことは、所属寺院に相談してください。

媒酌人《ばいしゃくにん》（仲人《なこうど》）について

　媒酌人とは、結婚式の立会人《たちあいにん》という意味です。新郎・新婦の立てた結婚の誓いの証人となり、披露宴《ひろうえん》では新郎・新婦を招待客に紹介します。

　仲人と媒酌人の違いについては、諸説あります。およそ縁談、結納《ゆいのう》、挙式、披露宴などについて、こと細かに二人の世話をするのが仲人で、挙式、披露宴の当日のみ世話をするのが媒酌人となっているようです。

　媒酌人が行う役目には、次のようなことがあります。

①媒酌人は夫婦で出席する。

②挙式時に、媒酌人夫人は新婦の介添えをする。

③媒酌人が親族の紹介を行う。

　つまり媒酌人は、新郎・新婦、両家を取り持ち、招待客をもてなす立場となります。

　媒酌人は、一般的に新郎・新婦と縁があり、人望の厚い人が選ばれます。新郎・新婦をよく知り、末永くお付き合いする方に依頼するとよいでしょう。その際、遅くとも日取りを決定する前にはお願いすべきです。

アドバイス

指輪の交換

　新郎・新婦の希望により、式中に指輪の交換、あるいは贈呈をすることができます。その場合は、事前に寺院へ申し出ましょう。

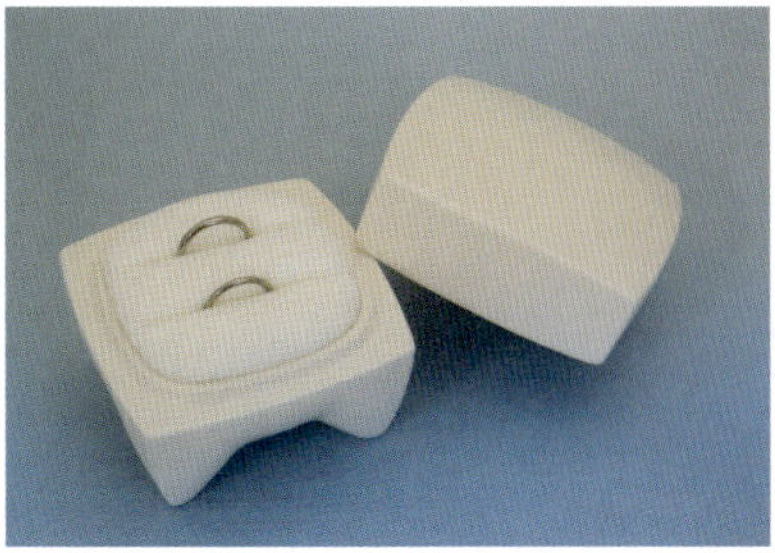

付 録　賀寿《がじゅ》の名称と由来

長寿の祝いは、もともと中国の礼式で「賀寿」「算賀」と呼ばれています。「賀」とは祝い、「算」とは年齢の意味で、今は生まれた年と同じ干支《えと》に戻る、満 60 歳の還暦から祝うのが慣例です。

年　数	名　称	由　　来
満 60 歳	還暦（かんれき）	干支が 60 年で一回《ひとまわ》りし、生まれ年の干支に還《かえ》ることから
数え 70 歳	古稀（こき）	杜甫《とほ》（中国・唐の詩人）の「人生七十古来稀《まれ》なり」にちなんだもの
数え 77 歳	喜寿（きじゅ）	「喜」の草書体である「㐂」を分解すると「七十七」になることから
数え 80 歳	傘寿（さんじゅ）	「傘」の略字の「仐」を分解すると「八十」になることから
数え 88 歳	米寿（べいじゅ）	「米」の文字を分解すると「八十八」になることから
数え 90 歳	卒寿（そつじゅ）	「卒」の略字の「卆」を分解すると「九十」になることから
数え 99 歳	白寿（はくじゅ）	「百」の文字の書き始め「一」を取ると「白」になることから
数え100 歳	百寿（ひゃくじゅ）	百歳を祝う

葬

葬儀

法事

葬儀

世間でも、人の一生は「棺《かん》を蓋《おお》いて事定《さだ》まる」と言われます。仏法では特に、今世《こんぜ》を終え、来世に生を受ける境目《さかいめ》に、妙法による回向《えこう》をしていただくかどうかは、故人にとってきわめて重要であると教えています。したがって「葬儀は、どの宗旨でも構わない」などと考えることは、あまりにも人の一生、その命を軽んじていると言わざるをえません。

日蓮大聖人は「ありとあらゆる仏は、皆、妙法蓮華経の五字によって成仏したのである」（法華初心成仏抄・御書一三二一㌻取意）と仰せられています。このお言葉に、故人が何によって成仏できるのかは明らかです。

アドバイス

臨終時の心構え

いざ臨終となると慌《あわ》てふためいて、忘れてしまいがちな心構えをまとめました。

- 病人が心を乱さないように、周囲を整理整頓《せいとん》しておくこと。
- 臨終の際に立ち会うのは、できるだけ少人数にすること。
- 世間話など、雑談を慎《つつし》むこと。
- 病人の執着《しゅうちゃく》心を誘う内容は、けっして話さないこと。
- 臨終の際は、病人の耳元でゆっくりと穏やかに唱題すること。

（病院など、場所によって臨機応変に）

家族が亡くなった時には（一例）

寺院への連絡

息を引き取ったら、まず所属寺院へ連絡します。

▼

葬儀社との打ち合わせ

寺院のご都合に合わせて、日程や式場・火葬《かそう》の時間等を打ち合わせます。その際、必ず日蓮正宗で葬儀を行うことを伝えます。

▼

枕《まくら》経《ぎょう》

故人のための、初めてのお経です。↓34ページ

▼

寺院への葬儀申し込み

喪主《もしゅ》等が寺院に赴いて、正式に申し込みをします。この際、白木《しらき》の位牌《いはい》を持参することもあります。↓36ページ

▼

湯灌《ゆかん》・納棺《のうかん》

故人の身体を清め、棺《ひつぎ》に納めます。

↓38ページ

◀

通夜《つや》の準備

会葬礼状や返礼品等を用意し、通夜の席次を決定します。

◀

通夜

僧侶をお迎えし、通夜を行います。

↓41ページ

◀

葬儀の準備

弔辞《ちょうじ》や弔電《ちょうでん》披露《ひろう》の打ち合わせをし、火葬場への車両やお弁当手配等の確認をします。

◀

葬儀

僧侶をお迎えし、葬儀を行います。

↓42ページ

お別れ・出棺《しゅっかん》

故人と最後のお別れをし、火葬場に向けて出棺します。

↓44ページ

火葬（荼毘《だび》）

火葬場の炉前《ろまえ》で読経・唱題をします。

↓45ページ

まめまめ知識

逝去後の手続き

①医師に死亡診断書を作ってもらいます。なお「死亡診断書」は葬儀後のさまざまな手続きに必要となるので、役所へ提出する前にコピーを取っておくとよいでしょう。

②死亡届は、逝去後７日以内に、故人の本籍地《ほんせきち》、届け人の住所地、亡くなった場所のいずれかの役所の戸籍課《こせきか》に提出します。その際、故人の氏名や生年月日、死亡した日時、場所、本籍地等が必要となります。

③死亡届の提出は、ほとんど葬儀社が代行してくれます。

④役所に死亡届を提出すると火葬《かそう》に必要な「火葬許可証」が交付されます。この許可証が､納骨《のうこつ》時などに必要な｢埋葬《まいそう》許可証」となるので、大切に保管しましょう。

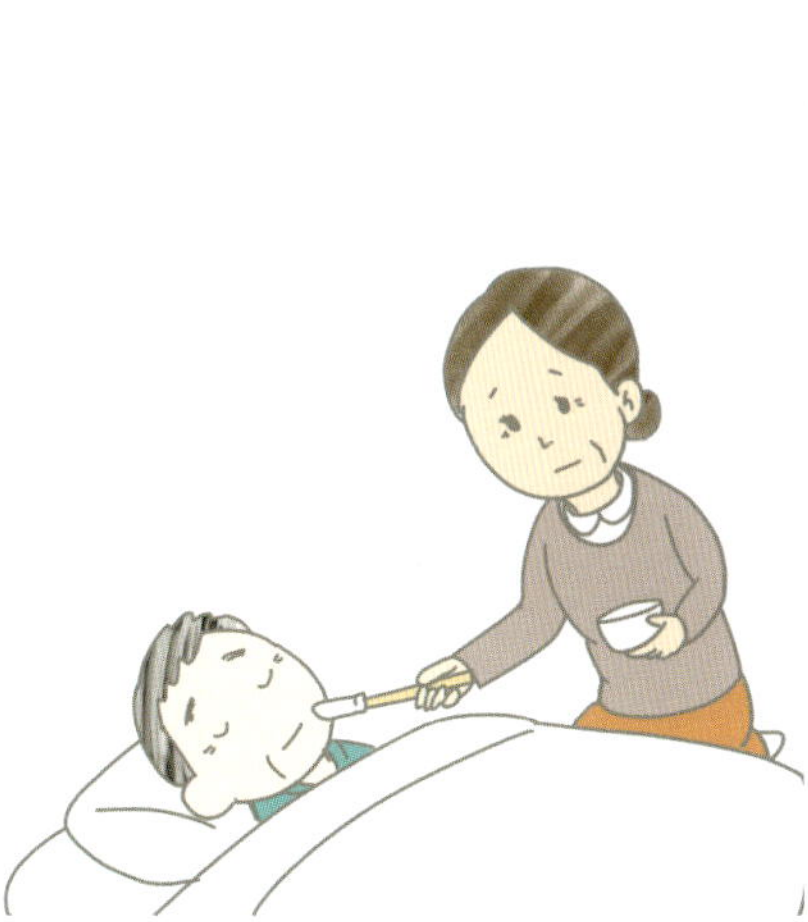

アドバイス

末期《まつご》の水

末期の水とは、臨終を迎えようとする時、その口に含ませる水のことで、死水《しにみず》とも言います。脱脂《だっし》綿《めん》やガーゼ等を水にひたし、唇が軽く潤《うるお》う程度に含ませます。

臨終者とのつながりの深い人から順に行います。

通夜・葬儀の準備

●枕《まくら》経《ぎょう》

故人を北枕《きたまくら》にします（間取りによっては、その限りではありません）。下図のように経机《きょうづくえ》を用意し、三具足《みつぐそく》（樒《しきみ》・香炉・灯明《とうみょう》）・鈴《りん》を調《ととの》えます。その際、仏壇の扉を閉めます。

枕経は、僧侶を導師としてお迎えし、導師御本尊を奉掲して行います。

枕経については、地域によって異なる場合がありますから、必ず所属寺院にご相談ください。

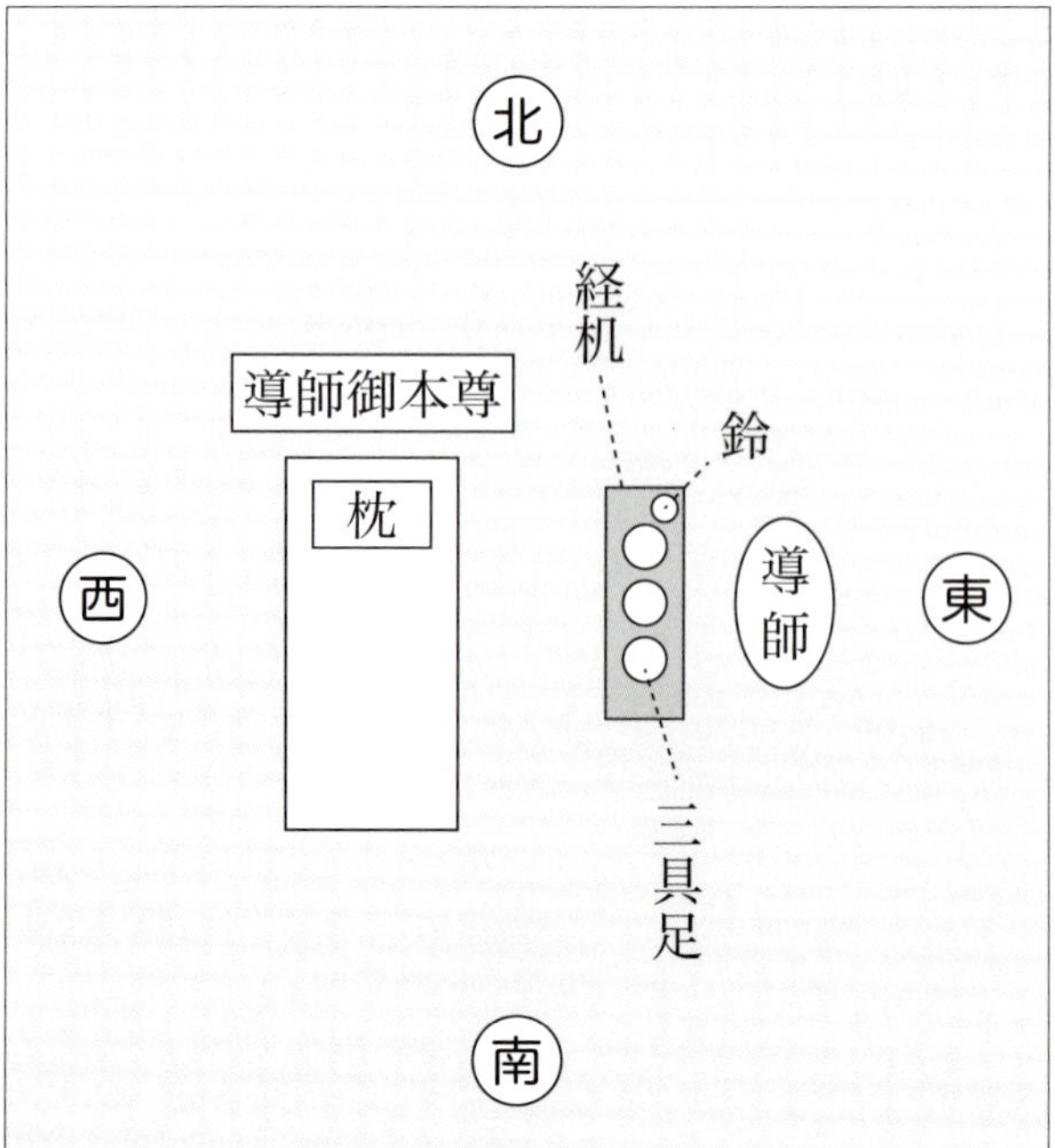

アドバイス 枕飾り

枕飾りは、三具足《みつぐそく》に加えて故人のための水、一膳飯《いちぜんめし》、枕団子《まくらだんご》を供えます。

一膳飯は、ご飯茶碗《ちゃわん》にご飯を山盛りにし、箸《はし》をまっすぐに立てたものです。枕団子は、皿などに白い団子を中高《なかだか》に盛ったものです。

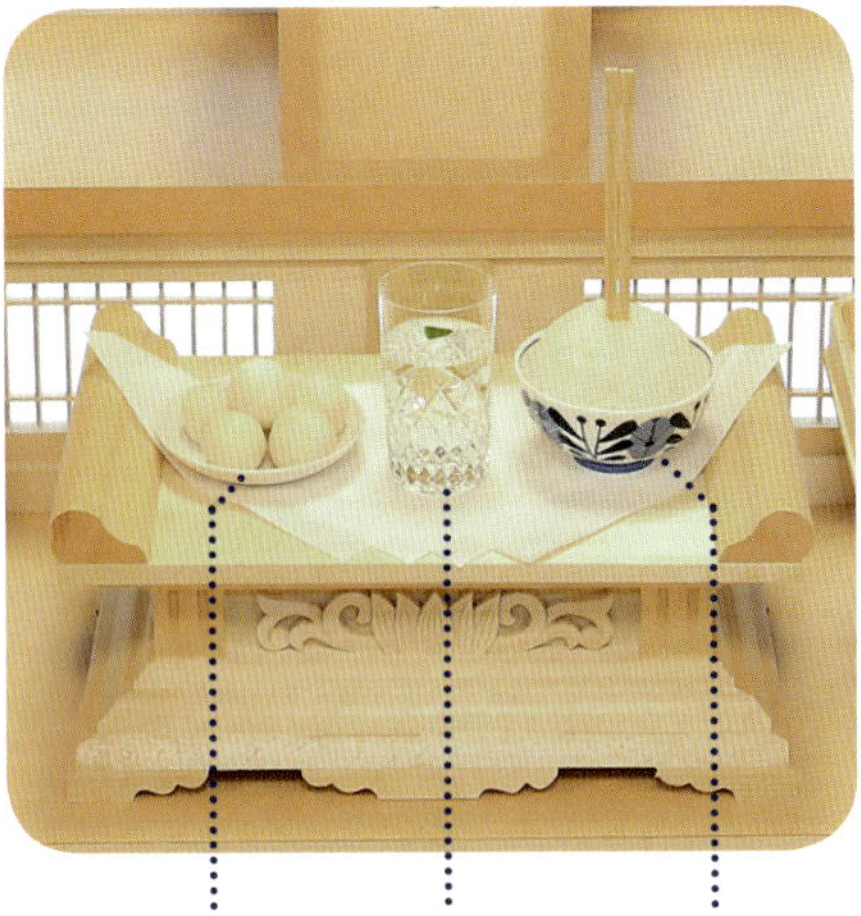

アドバイス 北枕

北を頭に遺体を寝かせることを北枕と言います。釈尊《しゃくそん》が、頭を北に向け、右脇《わき》を下にして臥《ふ》せた姿勢で涅槃《ねはん》したことが起源です。

本宗においては、御本尊が南面して御安置される故であるとも拝されます。

部屋の状況等で北枕にできない場合には、それに固執《こしつ》する必要はありません。

喪主《もしゅ》の決定

喪主は、葬儀のすべてを取りまとめ、菩《ぼ》提《だい》寺の僧侶や弔問《ちょうもん》客への対応など、欠かせない役割を担《にな》います。なるべく早く、喪主を決定することで、葬儀の一切を滞りなく進めることができます。

喪主は、相続人《そうぞくにん》の代表が務めるのが通例ですが、できるだけ入信者が務めるとよいでしょう。不可能な場合には、願主（信仰上の立場）と喪主（世間的な立場）を分けることもあります。

●日程の決定と寺院への申し込み

火葬場や斎場《さいじょう》（式場）の都合等を確認した上で、所属寺院に葬儀の申し込みに行きます。

申し込みには、故人の名前と年齢、死亡年月日等が必要です。この際、白木《しらき》の位牌《いはい》をお持ちします（葬儀社が届けてくれる場合もあります）。なお、七本塔婆《とうば》や門牌《もんぱい》などは、地域の慣習に従えばよいでしょう。

アドバイス

故人が未入信の場合

故人が未入信であっても、正法によって回向《えこう》されるならば、必ず故人を即身成仏に導くことができます。

それは、日蓮大聖人の、

「今、日蓮らが故人《こじん》の精霊《しょうりょう》を供養する時に、法華経を読誦《どくじゅ》して南無妙法蓮華経と唱えるならば、題目の光が無間《むけん》地獄に及び、故人を即身成仏《そくしんじょうぶつ》させるのである」（御義口伝《おんぎくでん》・御書１７２４㌻取意）

とのお言葉にも明らかです。

故人の入信・未入信にかかわらず、妙法による葬儀執行が大事です。

葬儀と同じ日に、初七日忌の法要を繰り上げて行う場合は、葬儀の申し込みの際に塔婆《とうば》の建立を願い出るとよいでしょう。また、通夜・葬儀の際、事情により導師御本尊を一時お貸し下げいただく場合は、喪主が寺院に連絡の上、印鑑を持参して申し込みをします。また、葬儀の御供養をお渡しするタイミングや僧侶の送迎などについても、寺院にお伺いしてください。

いずれにしても葬儀日程等は、寺院と相談の上、決定するように留意してください。

故人のみ本宗信徒の場合

アドバイス

遺族が未入信の場合でも、故人の生前の信心により、本宗で葬儀を執り行うことができます。ただし、総本山第九世日《にち》有《う》上人は、次のように御指南されています。

「本宗の信徒が亡くなって、子が信心を相続しない場合、葬儀および骨《こつ》上《あ》げまでは執《と》り行ってもよいが、そのあとの法事等を執行してはならない」（化儀抄・聖典９８９ページ取意）

葬儀のあとの法事は、あくまで遺族が願主となって行うものですから、謗法厳誡《ほうぼうげんかい》の本宗では法事の願いを受けることができないのです。したがって、本人が亡くなってからの慌《あわ》ただしいなかであっても、機会を見つけ、故人の信仰を受け継ぐように勧めることが大切です。

肝要なことは、日頃から妙法信仰の大切さを話し合い、法統相続をしておくことです。

湯灌《ゆかん》と納棺《のうかん》

湯灌とは、遺体《いたい》を棺《ひつぎ》に納《おさ》める前に、遺体をお湯で洗い清めることです。今日では近親者の手で、お湯やアルコールを用いて遺体を拭《ふ》くことが一般的となっています。この際、帷子《かたびら》（白麻などで作った単衣《ひとえ》の着物）を着せるのが習わしですが、清潔《せいけつ》な浴衣《ゆかた》などでもよいでしょう。

湯灌のあと、遺族・親族の手により、唱題のうちに納棺をします。その際、故人の手を胸の上で合掌《がっしょう》の形にし、数珠《じゅず》をかけさせます。

祭壇《さいだん》の設置

祭壇は、位牌《いはい》や写真、お供えを載せて、亡くなった方を供養するためのものですが、何より故人の成仏を願う導師《どうし》御本尊を御安置する壇でもあります。ただし、

仏法用語　導師《どうし》御本尊

葬儀の際に奉掲《ほうけい》し、故人《こじん》を即身《そくしん》成仏《じょうぶつ》に導いてくださる御本尊を「導師《どうし》御本尊」と称します。

大聖人は『妙法曼陀羅《まんだら》供養事』に、「この御本尊は、あらゆる仏の師匠であり、すべての人々が成仏する証《あかし》である。冥途《めいど》のともしびであり、死出《しで》の山道では良馬《りょうめ》となる。天の太陽や月の如《ごと》く、地の須《しゅ》弥山《みせん》の如き存在である。生死《しょうじ》の海を渡る船であり、成仏得道の導師である」（御書６８９㌻取意）とご教示されています。

地域の慣習や故人の社会的立場にもよりますが、豪華なものにする必要はありません。

祭壇を飾る場合は、導師御本尊や位牌が、祭壇のお供えや故人の写真等によって隠れないように注意しましょう。

アドバイス

色花《いろばな》について

本宗では、常緑樹である樒《しきみ》だけを祭壇にお供《そな》えし、お別れの際にも樒のみを用います。色の変わらない樒は仏様の永遠の命を表し、その香りは邪気《じゃき》を払《はら》い、周囲を清浄《しょうじょう》にするからです。特に、すぐに枯れてしまう色花（生《せい》花《か》）は、はかない移り変わりを意味しますから用いないのです。

葬儀社にはあらかじめ、樒だけを供える旨を伝えましょう。一般の人から色花を贈られた場合は、必ず寺院に相談してください。

導師の僧侶は大聖人のご名代《みょうだい》

葬儀には、所属寺院より僧侶を導師としてお迎えします。

大聖人は『上野殿御返事』に、

「とにかく、御本尊に身を任せ、どこまでも信じていきなさい。あなたの臨終の時、生と死の中間には、日蓮が必ず迎えにまいるであろう」

（御書一三六一ジ《ペー》取意）

とご教示されています。この御文について、総本山第五十九世日亨上人は、僧侶が大聖人のご名代《みょうだい》として葬儀の導師を勤められることが、ただちに大聖人が迎えにきてくださる意義にほかならないとご指南されています。

したがって、導師を大聖人のご名代と心得てお迎えすることが肝要なのです。

導師の控《ひか》え室を準備

式場には、導師が法衣にお着替えできるよう控え室を準備します。

導師が到着されたら控え室に案内し、遺族がご挨拶に伺います。

式の終了後にも、遺族が御礼《おんれい》のご挨拶をします。

通夜

通夜とは本来、夜通《よどお》し読経・唱題をして故人の成仏を祈ることです。現在では夕刻、導師によって読経・唱題が一時間ほど行われるのが通例です。
通夜の式次は、おおむね下のとおりです。

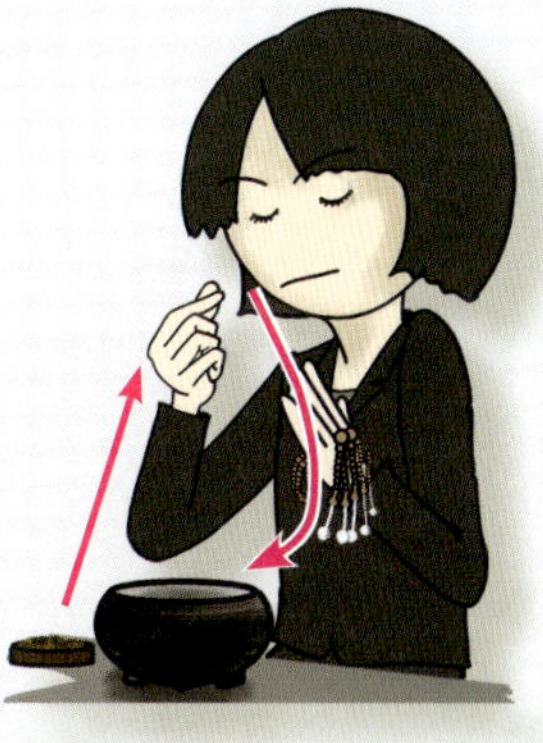

― 焼香の仕方 ―
左手は胸の前、右手で抹香をつまんで眉間のあたりまで運び、故人を念じて香炉の炭の上に落とします。

式次の一例

一、喪主、親族等着席
一、導師出仕
一、読　経
一、焼　香
（寿量品に入ったら導師、喪主、遺族、親族、会葬者の順に行う）
一、唱　題
一、観念・回向
一、題目三唱
一、導師退座

葬儀

葬儀は通常、通夜の翌日に行います。

葬儀の式次は、おおむね下のとおりです。

式次の一例

一、喪主、親族等着席
一、導師出仕
一、読　経（方便品・寿量品長行《じょうごう》）
一、焼　香
（寿量品に入ったら導師、喪主、遺族、親族、会葬者の順に行う）
一、弔辞・弔電披露
一、読経（自我偈）・引題目
一、観念、引導、回向
一、題目三唱
一、出棺の御経
一、導師退座

アドバイス

弔辞を読む場合

①弔辞を書く時は、忌《い》み言葉（「死」や「苦しみ」など）に注意する。
②ゆっくり読んで３～５分程度にまとめる。
③故人の人柄や業績を称《たた》える内容、故人が生前《せいぜん》に語っていた言葉や印象的な出来事などを盛り込む。
④遺族への慰《なぐさ》めや故人へのお別れの言葉を添える。
⑤弔辞を読む時は、原稿を胸の高さで持ち、故人に話しかけるようにする。

コラム　a column

◆謗法厳誡《ほうぼうげんかい》と地域の風習

葬儀に関する風習や習慣、しきたりも地域によってさまざまです。

たとえ地域の習慣によって行うことが、仏教の教えによるものでなくても、謗法に当たらなければ用いても構いません。

このことについて、大聖人は『月水御書《がっすい》』に、

「仏法のなかに随方毘尼《ずいほうびに》という戒の法門がある。これは、謗法行為に当たらなければ、少々仏教と異なることがあってもその国の風習にしたがってもよいと、仏は一つの戒を説かれたのである」（御書３０４㌻取意）

とご教示されています。

お別れ・出棺

葬儀が終わり、導師御本尊を奉収したあとに出棺となります。

唱題のうちに、導師、喪主、遺族、親族、会葬者の順に、棺に樒《しきみ》の小枝を入れて故人《こじん》とお別れをします。

なお、葬儀に用いた樒は、そのあと、御本尊にはお供えできません。

アドバイス

葬儀は折伏の場とも

本宗における葬儀は、参列者が正法に基づく厳粛《げんしゅく》な儀式に接したり、故人の安《やす》らかな成仏の相を目《ま》の当たりにすることになります。

遺族・親族は、故人の成仏を願う儀式が、同時に、参列者に妙法の偉大さを知っていただく折伏の場ともなることを心得ましょう。

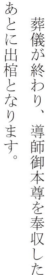

火葬（荼毘《だび》）

火葬場に到着し、荼毘の準備ができたら、通例として炉前《ろまえ》で読経・焼香・唱題を行います。収骨（骨上げ）の際は、唱題のうちに骨壺に遺骨を収めます。

葬儀後は、自宅の仏壇の横等に精霊台《しょうりょうだい》をしつらえ、遺骨と白木《しらき》の位牌《いはい》を安置し、三具足《みつぐそく》を調《ととの》え、水・ご飯等のお供えをするとよいでしょう。

アドバイス

他宗の葬儀参列について

友人や親戚《しんせき》の葬儀が他宗で行われる場合、参加することに問題はありません。ただし、謗法厳誡の上から十分な配慮を忘れてはいけません。

具体的には、他宗の本尊や位牌に向かって手を合わせるのではなく、遺体に向かって心の中でお題目を唱え、成仏を祈り、焼香をするとよいでしょう。

まめまめ知識

葬儀と告別式

現在では、葬儀と告別式を兼ねる場合が多くなっています。

もともと葬儀とは、御本尊に故人の即身成仏を祈る信仰上の儀式であり、告別式は、縁のあった方々が、故人とお別れをする儀式です。

たとえお別れ会のような場合でも、本宗の化儀《けぎ》に反しないように注意しましょう。

葬儀後の法事
ー法要と塔婆供養ー

葬儀のあとは、初七日忌より七七日忌（四十九日忌）まで、七日ごとに追善供養をします。

一般的には、初七日忌と七七日忌（または五七日忌）には親族が集《つど》い、寺院で行うか、自宅などに僧侶を迎えて、法事を営《いとな》みます。そのほかの二七日忌、三七日忌等は、遺族だけでも寺院に参詣し、塔婆を建立して供養をします。

法事は、故人《こじん》の忌日に行うことが基本ですが、都合のつかない場合は、繰り上げて行うとよいでしょう。

自宅で法事を営む場合は、御本尊に仏《ぶっ》供《く》（仏飯《ぶっぱん》）と御造酒《おみき》・菓子・季節の果物等をお供えします。精霊《しょうりょう》用のお膳を用意して、精進《しょうじん》料理をお供えするのもよいでしょう。

お膳の一例

付録

忌日・年回忌の一覧

名称	法要の年月日	内容
初七日忌	亡くなった日を入れて7日目	親族が集い、寺院または自宅で法事を行う（葬儀当日に行うこともある）
二七日忌	14日目	遺族だけでも、寺院に参詣して塔婆を建立し、供養する
三七日忌	21日目	
四七日忌	28日目	
五七日忌（三十五日）	35日目	
六七日忌	42日目	
七七日忌（四十九日）	49日目	親族が集い、寺院または自宅で法事を行う。納骨は七七日忌に合わせて行う場合が多い
百箇日忌	100日目	遺族だけでも、寺院に参詣して塔婆を建立し、墓参をする
一周忌	死後満1年	親族が集い、寺院または自宅で法事を行い、墓参をする
三回忌	以降は亡くなった年も入れて数える	
七回忌		
十三回忌		
十七回忌		
二十三回忌		
二十七回忌		
三十三回忌		
五十回忌		

＊上記以外の年は、祥月命日忌として塔婆供養を行う
＊初盆（新盆）の供養は、寺院に相談して行う

位牌《いはい》の取り扱い

位牌の起源は、中国において、葬儀の際に故人の世間的地位を知らせるため、葬列の先頭で官位・姓名を書いた札を捧《ささ》げ歩いたことにあるとされています。

現在、日本では、葬儀の時に白木の位牌に戒名、俗名、死亡年月日、年齢を記して祭壇に安置します。これは、授けた戒名で回向をするためと、参列者に戒名などを披露する習わしといえます。

したがって、位牌に死者の魂が宿っていると考え、それに執着するのは誤りです。また、御本尊に替わる礼拝《らいはい》の対象ともならないことは当然です。

本宗では、葬儀に際し、所属寺院の御住職・御主管がお題目と戒名を認《したた》めた白木の位牌を祭壇に安置します。

通夜・葬儀を通じて、導師御本尊を奉掲して読経・唱題し、戒名で回向していただくことによって、故人の生命は、三大秘法の御本尊に帰入《きにゅう》して、安穏《あんのん》な成仏の境界《きょうがい》に住するのです。

そのことを、大聖人は、

「亡くなった阿仏房《あぶつぼう》は今、宝塔《ほうとう》の内に東向きにおられると日蓮は見ている」

(千日尼《せんにちあま》御返事・御書一四七五ジペー取意)

と仰せられています。

位牌は、五七日忌（三十五日忌）、あるいは七七日忌（四十九日忌）の法要が終わって納骨したあと寺院に納め、自宅の過去《かこ》帳《ちょう》に戒名を記載していただきます。世間で目にする、黒地に金文字の位牌に改める必要はありません。

アドバイス

過去帳の申し込み

御本尊が安置《あんち》されている家庭には、過去帳を必ず備えます。

過去帳をつくる場合は、所属寺院に申し出ます。その際、過去帳に記入したい人の俗《ぞく》名《みょう》・戒名《かいみょう》、死亡年月日、享年《きょうねん》、願主から見た続柄が必要となりますので、あらかじめ控《ひか》えておきましょう。

追記する場合も、必ず寺院に願い出ます。

コラム a column

◆戒　名

戒名は法名《ほうみょう》とも称します。本来、仏法に帰依《きえ》した時に授《さず》けられるのですが、今日では、死後、葬儀に当たって授けられるのが一般的となっています。

他宗では、布施《ふせ》の多寡《たか》などによって戒名が決められるようですが、本宗では、あくまで故人の信心状態などにもとづいて授けられます。

故人の追善供養をする時には、戒名によって行います。

納骨

葬儀後、墓地または納骨堂などに遺骨を納めますが、五七日忌や七七日忌の法要に合わせて行うことが多いようです。地域によっては、葬儀当日に行う場合もあります。

納骨の際、僧侶の導師によって読経・唱題を行いますので、あらかじめ日時等を寺院に相談してください。また、墓地管理事務所や石材店などへの連絡が必要な場合があります。

現在、遺骨を納める墓地がない場合は、

コラム　a column

◆墓所《むしょ》の意義

法華経如来神力品第二十一には、

「当《まさ》に知《し》るべし、是《こ》の処《ところ》は即《すなわ》ち是《こ》れ道場なり」

（法華経５１４ページ）

と説かれています。

つまり、法華経の行者が修行する所は、どこであっても道場であるとの意味です。このことから、本宗のお題目が刻まれたお墓も、そこが故人の即身成仏のための道場と言えるのです。

世間では、墓相などと言って、墓の向きや形状、造り方などについてさまざまな迷信がありますが、本宗の化儀に則《のっと》ったお墓であれば、まったく気にする必要はありません。

一周忌を目安として購入する方が多いようです。その間、寺院で一時預かりをお願いすることができます。

詳《くわ》しいことは、寺院にお尋《たず》ねください。

題目の染筆・墓石の開眼供養

墓石には、御住職・御主管に認《したた》めていただいた題目を刻みます。したがって、墓石建立の際は、必ず題目の染筆《せんぴつ》を所属寺院に願い出ましょう。

なお、寺院を通して御法主上人に御染筆を願い出ることもできます。

石材店に依頼し、トレーシングペーパー・薄様《うすよう》などを墓石の大きさに切ってもらい、二〜三枚程度を所属寺院に持参します。

寺院より題目の染筆が下付《かふ》されたならば、それを石材店で竿石《さおいし》に刻んでもらい、紙は墓石建立後、寺院に納めます。

墓石の完成後は、僧侶による開眼供養を行います。同時に、埋葬（納骨）も行うことができます。

なお、墓石の題目の上には、家紋や「〇

〇家之墓」などの文字を刻んではいけません。

墓誌と塔婆立て

墓石の横に、埋葬されている遺骨の戒名・俗名・死亡年月日・享年《きょうねん》を記した墓《ぼ》誌《し》（石板）を建てる場合もあります。

墓誌を建てない場合は、故人の戒名などを墓石の横面に記します。また、墓石の後方等に塔婆立てを設置するとよいでしょう。

他宗寺院に墓がある場合は、所属寺院にご相談ください。

墓石の一例

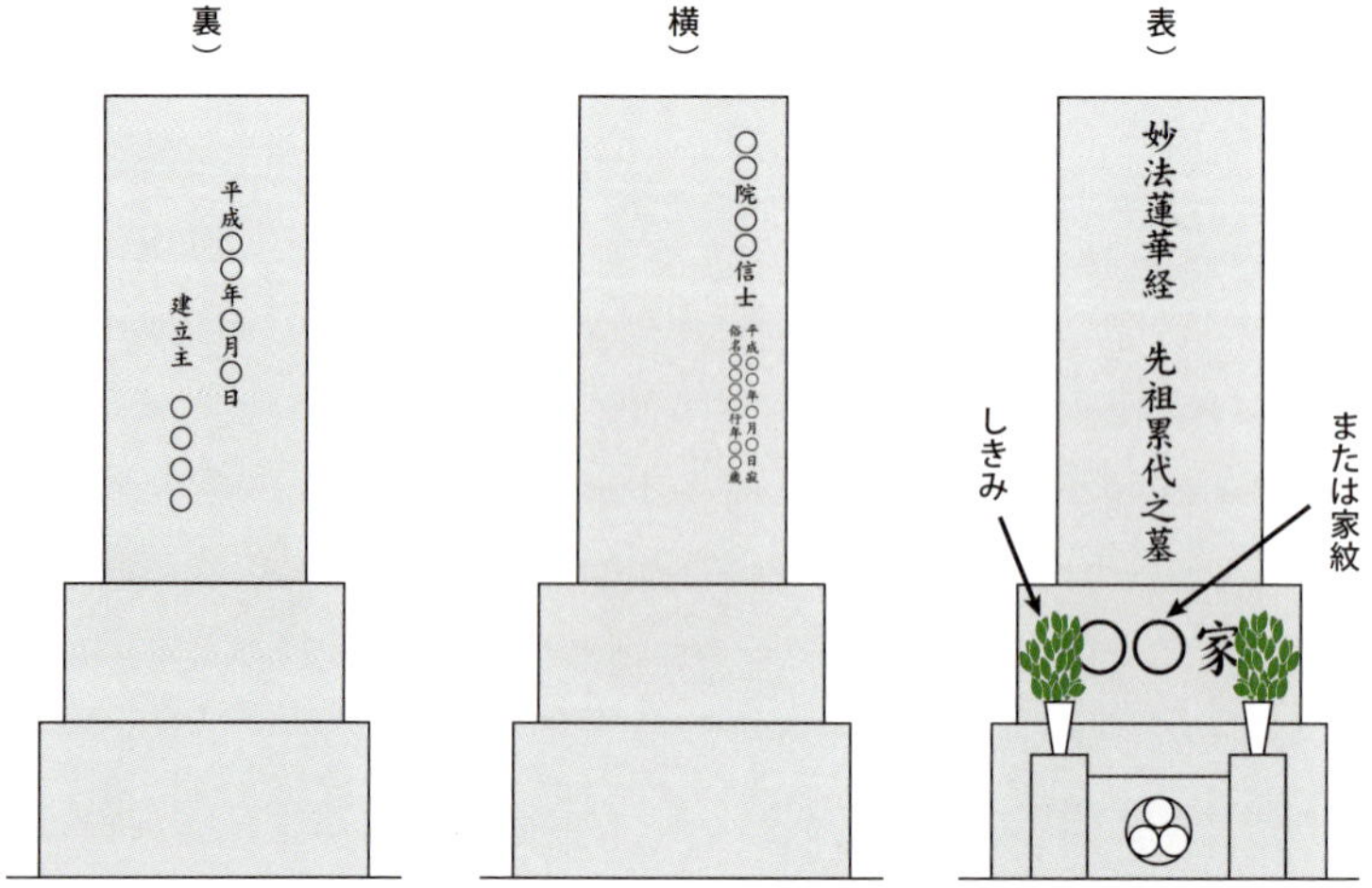

三師塔（総本山大石寺）

アドバイス

墓参の心得

墓参の際には直接、墓地に行くのではなく、まず寺院に参詣し、御宝前《ごほうぜん》のかたわらに塔婆を建立して、僧侶の読経、回向《えこう》を終えてから、その塔婆を持ってお参りするよう心掛けましょう。

第九世日有《にちう》上人は「三師塔（宗祖日蓮大聖人・第二祖日興《にっこう》上人・第三祖日目《にちもく》上人の五輪塔）が建立されている墓地にお参りする際は、師弟相対の法義にもとづき、まず三師塔へお参りし、そのあとに有縁のお墓参りをすべきである」と御指南されています。

墓所《むしょ》では、方便品・自我偈を読み、お題目を唱えます。

墓参の焼香は、読経の前に火のついた線香を配っておき、読経・唱題中に、導師、親族、一般参列者の順で香炉に供えるとよいでしょう。

葬

法事

法事とは、故人《こじん》の忌日や年忌《ねんき》等の際、寺院に願い出て営《いとな》む法要を言います。

本宗では、御本尊の御宝前《ごほうぜん》のかたわらに塔婆《とうば》を建立《こんりゅう》し、僧侶の導師のもとに読経《どきょう》・焼香《しょうこう》・唱題をして、故人の追善回向《えこう》をします。

法事には、寺院で行う場合と、自宅等で行う場合があります。いずれにしても、御本尊が安置していない所では修することができないので留意しましょう。

日蓮大聖人は、

「他人《ひと》の不成仏は、自分の不成仏である。他人の成仏は、自分の成仏である」（一代聖教大意・御書九五ページ取意）

と仰せられています。たとえ

他人であっても、その成仏を願うことが自分の成仏につながるということです。

まして、自分がお世話になり、恩のある方々が亡くなったあと、成仏を願い、追善供養を行うのは、自然なことと言えます。

特に生前、妙法に縁することなく亡くなった方が苦悩から離れるためには、正法による追善供養を営んであげるほかはありません。

大聖人は『四条金吾殿御書』に、

「父母が地獄・餓鬼《がき》・畜生《ちくしょう》の

境界《きょうがい》に堕《お》ちて苦しみを受けているのに弔《とむら》わず、自分は豊富な衣服や飲み物・食べ物に囲まれ、思い通りの生活をしている状況を、どれほど父母はうらやみ恨《うら》まれることだろうか」

（同四七〇㌻取意）

と誡《いまし》められています。

故人は、私たちの正法による追善供養をひたすら心待ちにしているのです。

法事の申し込み

法事は、喪主を務めた人が願主となって、寺院または自宅で行います。

親族や知人などを招いて法事を行う場合は、早めに準備をします。二カ月ほど前には寺院に連絡をして、日時などを決めるとよいでしょう。

本来、回忌法要は故人の亡くなった日（祥月命日《しょうつきめいにち》）に行いますが、現在では参列者の集まりやすい休日を選ぶことが多いようです。その場合には、祥月命日よりも前に行うようにします。

法事の流れ

法事はおおむね、次のように進められます。

読経・焼香・唱題・挨拶（法話）

寿量品に入ったら、僧侶の合図で願主から焼香を始めます。

焼香は、まず御宝前《ごほうぜん》に向かい合掌《がっしょう》一礼してから精霊台《しょうりょうだい》に向きを変え、合掌一礼します。その後、左手は胸の前、右手で抹香《まっこう》をつまんで眉間《みけん》のあたりまで運び、故人を念じて香炉の炭の上に落とします（41ページを参照）。これを三回繰り返したのち、合掌一礼します。再び御宝前に向きを変え、合掌一礼して席に戻ります。

読経・唱題後は、僧侶の挨拶《あいさつ》（法

法事の流れ

僧侶の導師により読経

↓

寿量品に入ったら、導師、願主、参列者の順で焼香

↓

唱題ののち、導師による回向

↓

挨拶・法話

↓

墓　参

↓

会　食

※上記は、あくまで一例です。

話）と続き、それが終わると僧侶は退座します。そののち、塔婆を持って墓参に行き、僧侶の導師による読経、唱題のうちに線香を供えます。

アドバイス

法事で用意するもの

法事を修する場合、次のようなものを用意します。

- 事前に塔婆の申し込みを済ませる
- お供え物として、果物やお菓子、御造酒《おみき》等を用意する
- 寺院への御供養
- 参列者への引き物を出す場合、その用意をする

忌日・年回忌《ねんかいき》と法事の次第

故人の忌日は、初七日忌より七七日忌（四十九日忌）までは七日ごとであり、また逝去《せいきょ》から百日目は百箇日《ひゃっかにち》忌となります。これらの忌日には、寺院に参詣《さんけい》して塔婆《とうば》を建立《こんりゅう》し、追善回向《ついぜんえこう》をします。

これらのなかで、初七日忌と七七日忌（または五七日忌）の二回は、親族が集《つど》い、寺院に参詣するか、自宅に僧侶をお迎えして法事を営むことが一般的となっています。

年忌には、一周忌・三回忌・七回忌・

十三回忌・十七回忌・二十三回忌・二十七回忌・三十三回忌・五十回忌等があります（忌日・年回忌一覧は47ページを参照）。

私たちは、父母・先祖に対する報恩《ほうおん》を怠《おこた》る不孝者とならないよう、先祖の忌日・年回忌等には真心《まごころ》を込めて法事を営《いとな》み、追善供養を行いましょう。

このことについて大聖人は、

「心の及ぶかぎり、追善供養に励みなさい」（上野殿後家尼《ごけあま》御返事・御書三三八ページ取意）

とご教示されています。

焼香する参詣者（大石寺六壷）

塔婆供養

私たちは、お彼岸《ひがん》やお盆《ぼん》、あるいは故人の命日などに寺院へ参詣し、塔婆を建立して追善供養を行っています。

この塔婆供養により、故人はもちろんのこと、供養した人も計《はか》り知れない功徳《くどく》を受けることが、多くの仏典に説かれています。

大聖人は、塔婆供養の功徳について、

「塔婆を建立し、その表に題目を書きあらわしなさい。北風が吹けば南海の魚たち、東風が吹けば西山の鳥鹿《ちょうろく》たち、それぞれが風に触れてたちまちに苦悩を離れ、畜生道をのがれて天上に生まれるであろう。まして塔婆建立を喜び、手に触れ、目にする人の功徳の大きさは言うまでもない。亡《な》き父母も塔婆の功徳によって、太陽や月のように明るく浄土を照らされ、孝養の人であるあなたと家族は、寿命を百二十年たもち、亡くなったあとは父母と共に霊山《りょうぜん》浄土に赴《おもむ》かれるであろう」

(中興《なかおき》入道御消息・御書一四三四ジペー取意)

と仰せられています。

このように御本尊のもと、題目を認《したた》めた塔婆を建立して故人の追善供養をする

コラム　a column

◆塔婆の起源と伝来

塔婆は、仏塔（仏を供養する塔）を意味する梵語《ぼんご》・ストゥーパを音写した「卒塔婆《そとば》」のことで、方墳《ほうふん》・霊廟《れいびょう》などと訳されます。

塔婆の歴史は古く、古代インド・マウリヤ朝の第３代・阿育王《あいくおう》の時代である紀元前２７０年ごろには、すでにその原型が造立《ぞうりゅう》されています。

塔婆はもともと、仏を供養するために大きく土を盛り上げて、そこに仏舎利《ぶっしゃり》や経巻を安置《あんち》したものでした。中国を経て日本に伝わるなかで、三重塔や五重塔、さらに五輪の石塔《せきとう》、角《かく》塔婆、板《いた》塔婆と形を変えながら、故人の供養のために建立《こんりゅう》するようになりました。

ならば、故人はその功徳によって成仏の境界《きょうがい》に至り、また供養した人とその家族は、今生《こんじょう》に長寿をたもち、必ず即身成仏の大功徳を享受《きょうじゅ》することができるのです。のみならず、願主がまったく縁がないと思われる衆生にまで大きな功徳を施すことになるのです。

私たちは、塔婆供養が最も勝《すぐ》れ、最も尊い追善供養であることを忘れることなく、忌日・年回忌・墓参などの際はもとより、お盆やお彼岸など、折々に真心を込めて塔婆を建立してまいりましょう。

コラム　a column

◆塔婆の形体と意義

塔婆は、下から四角・円・三角・半円・如意宝珠《にょいほうじゅ》の形の順に重ねられています。これは宇宙法界《ほうかい》の森羅万象《しんらばんしょう》を構成する地《ち》・水《すい》・火《か》・風《ふう》・空《くう》の五大（五輪）を表しています。

この五大はそのまま、妙法蓮華経の五字を意味しています。

そのことを、大聖人は、

「地水火風空、これはすなわち妙法蓮華経の五字である」

（総勘文抄《そうかんもんしょう》・御書１４１８ページ取意）

と明確に仰せられています。

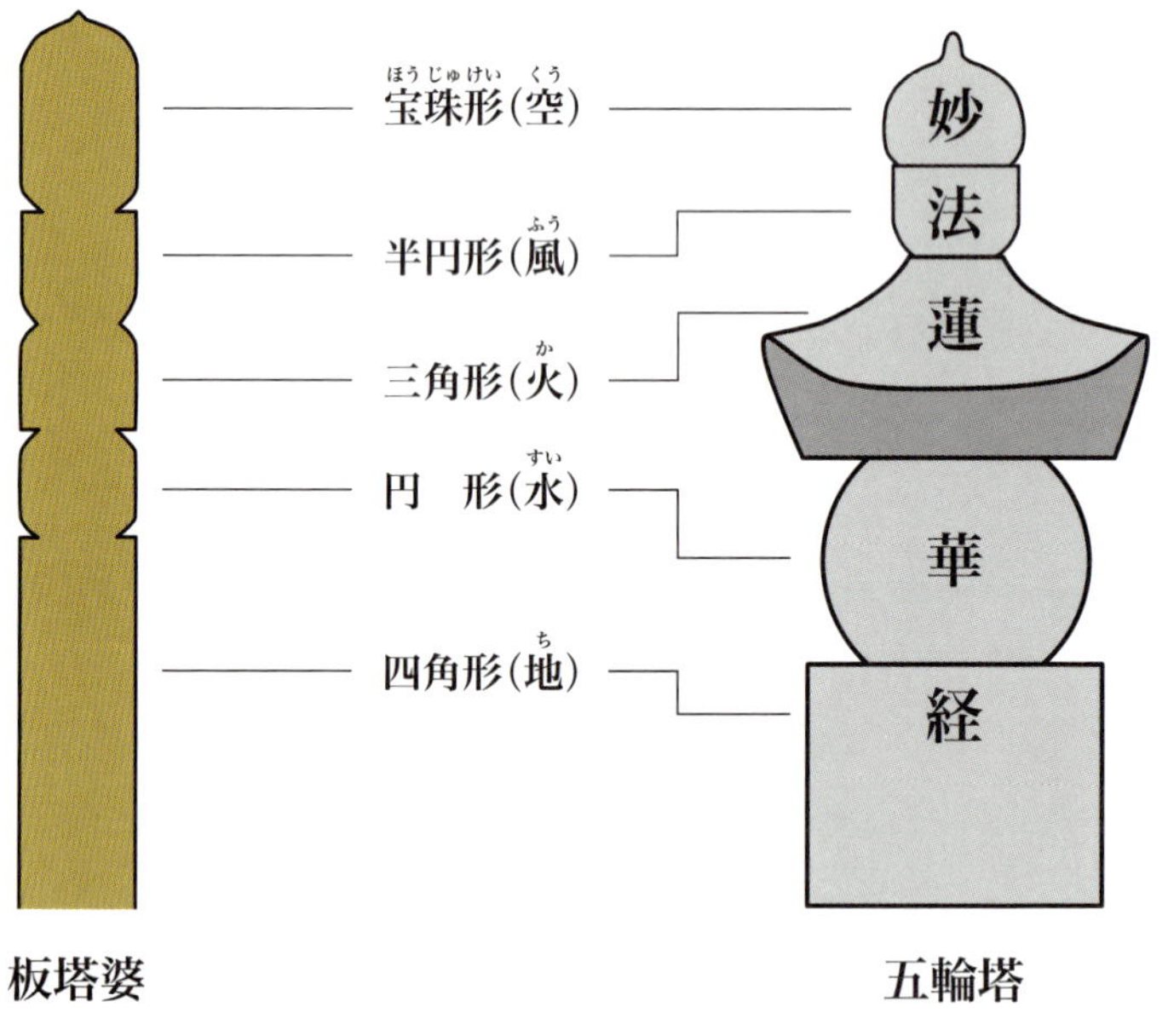

祭

- 地形式（地鎮祭）
- 起工式
- 上棟式
- 祈念

祭

地《じ》形《ぎょう》式《しき》（地鎮祭）

一般的に行われる地鎮祭《じちんさい》を、本宗では特に地形式《じぎょうしき》と言い、家屋などを建てる前の重要な儀式となっています。

地形式《じぎょうしき》の意義

僧侶の導師のもと地形式を執《と》り行い、御本尊に敷地《しきち》の浄化《じょうか》を祈念《きねん》するならば、広大無辺の功徳力《くどくりき》によって、大地を安穏《あんのん》にし、繁栄を築く礎《いしずえ》となります。

そのことを、法華経寿量品に、

「国土は安穏であり、常に天人《てんにん》が満ちあふれる」（法華経四四一ページ取意）

と説かれています。

コラム　a column

◆地鎮祭の由来《ゆらい》

古代の人々は、大地、空、山、海、樹木などには神が宿っており、その怒《いか》りに触れることによって地震や雷《かみなり》、暴風雨、洪水等の災害が起こると考えました。

そのため、家を建てたり、道を造るときなどには、地神を鎮《しず》め、工事の安全、繁栄と無事故などを祈って、地鎮祭（地形式）が行われるようになりました。

したがって、日蓮大聖人の仏法に背《そむ》く神道《しんとう》や他宗派などによる地鎮祭は、かえってその地を不浄となす邪《よこしま》な儀式となることを知るべきです。

地形式の流れ

地形式は、敷地《しきち》内に祭壇《さいだん》を設けて仏具を調《ととの》え、寺院から捧持《ほうじ》した御本尊を奉掲《ほうけい》し、僧侶の導師のもとに読経《どきょう》・唱題して、浄地安穏と工事の無事完成を祈念します。

地形式を執《と》り行う場合は、寺院に日程等を相談し、場所や用具、祭壇の設置やお供《そな》え物など必要事項について打ち合わせの上、準備をしましょう。

祭壇の一例

※雨天の場合は、テントを用意してください
祭壇・準備品等については、寺院にお尋ねください

地形式の流れ（一例）

導師出仕 → 題目三唱 → 御本尊奉掲 → 読経・焼香・唱題 → 鍬入れ → 挨拶 → 題目三唱 → 御本尊奉収

- 読経・焼香・唱題：自我偈に入ったら導師、願主、工事関係者の順に焼香する
- 鍬入れ：読経・唱題終了後、導師、願主、工事関係者の順に鍬入れを行う
- 挨拶：願主・関係者など

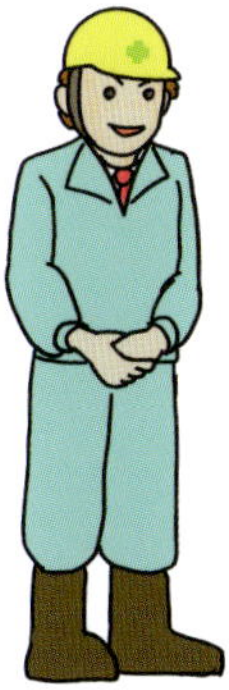

鍬入れ

準備するもの（66ページのイラスト参照）

●御本尊奉掲用の板、祭壇、矢はず等

祭壇は机などを用いてもよい。

●お水、御造酒《おみき》、洗米、塩、野菜、果物

洗米は洗った米のこと。洗米と塩を同量、三方《さんぼう》またはお皿に盛り、お供えする。

●三具足《みつぐそく》等の仏具

香炉、樒《しきみ》、灯明《とうみょう》、鈴《りん》、鈴棒、線香、焼香用抹香を準備する。

起工式・上棟式

起《き》工《こう》式《しき》

起工式とは、工事を起こすことを祝い、無事に滞《とどこお》りなく竣工《しゅんこう》することを祈る儀式です。

家屋の新築は人生における大事業であり、一度落成すれば長く家族の日常生活を支え、心の安らぎをもたらす大事な空間となります。だからこそ、妙法に基づいた起工式を行うことが大切なのです。

起工式に当たり、寺院から捧持《ほうじ》した御本尊を奉掲《ほうけい》し、僧侶の導師により読経・唱題して、工事の安全と順調な進捗《しんちょく》、さらには無事完成を祈念します。

起工式の次第や準備品は、おおむね地形式に準じます。詳《くわ》しいことは寺院にお尋ねください。

上《じょう》棟《とう》式《しき》

上棟式は一般に「棟上《むねあげ》」とも「建前《たてまえ》」とも言われます。家屋の基礎となる骨組《ほねぐみ》や構造が調《ととの》い、重要な部材である棟木《むなぎ》を上げた時に行われる儀式です。

上棟式は、古くは小屋組《こやぐみ》の完成を祝う

建築儀礼の一つとして行われてきました。

骨組が出来上がった時、家屋に不幸や災いをもたらす「魔」が入り込むことを恐れ、それを防ぐために棟の上に幣串《へいぐし》、破魔矢《はまや》などを掲げました。

末法では、正法に背《そむ》く者が多いため、諸天善神は社《やしろ》を捨てて天に上《のぼ》ってしまい、そのあとに悪鬼・魔神が棲《す》みついています。したがって、神社の幣串や破魔矢、神札などはすべて、不幸をもたらす原因とはなっても、けっして家の安穏《あんのん》や繁栄につながるものではありません。

日蓮大聖人の仏法を受持する私たちは、どこまでも正法の信仰を根本に、御本尊を中心として儀式を執《と》り行うことが肝要です。


なお、上棟式の次第や準備品は、おおむね地形式に準じます。詳しいことは寺院にお尋ねください。

祈念

誰しも、さまざまな願いや望みを抱《いだ》いて生きています。それを確実にかなえ、自身の成長と真の喜びを得るためには、日蓮大聖人が、

「日蓮を杖や柱のように頼りなさい」

（弥源太《やげんた》殿御返事・御書七二二ページ取意）

と仰せられているように、まず御本尊に真剣に祈らなければなりません。

祈りは必ずかなう

「最もすぐれた御本尊を拝みなさい」

（本尊問答抄・御書一二七五ページ取意）

「日蓮の魂《たましい》を墨《すみ》に染めながして認《したた》めた御本尊である」

（経王殿御返事・同六八五ページ取意）

等と、大聖人は仰せられています。

この御本尊に向かい、至心《ししん》に題目を唱えるとき、御本尊の仏力《ぶつりき》・法力と、私たちの信力・行力という四力が成就し、いかなる祈念もかなうのです。

このことを総本山第二十六世日寛上人は、

「この御本尊を信じて南無妙法蓮華経と唱えるならば、祈りとしてかなわないことはなく、消滅することのできない罪はなく、招くことのできない幸せ

はなく、顕《あらわ》すことのできない理《ことわり》はないのである」(御書文段一八九ページ取意)と御指南されています。

寺院へのご祈念願い

大聖人は『道妙禅門《どうみょうぜんもん》御書』に、

「お父上の病気平癒を願い出られたので、日蓮が御本尊にご祈念申し上げよう」(御書一〇四一ページ取意)

と仰せのように、信徒の願い出によってご祈念をされていました。

同様に、所属寺院の御住職・御主管に、自分の願いや望みをご祈念していただくことができます。

寺院では、主に次のような祈念を受け付けています。

- 当病平癒《とうびょうへいゆ》祈念
- 安産祈念
- 進学祈念
- 就職祈念
- 自動車通行安全祈念
- 旅行祈念
- 航海祈念
- 厄払《やくばら》い祈念

詳しいことは、寺院でお尋ねください。

くらしの歳時記

1月

行事＝元旦勤行／成人式

●門松　●床の間飾り　●七草粥

睦月《むつき》

January

●門松《かどまつ》

門松を立てる場合は門、玄関等の入口に、左図のように松・竹・梅・しきみなど一対を十二月三十日までに立て、正月七日の夕方に除くのが通例です。

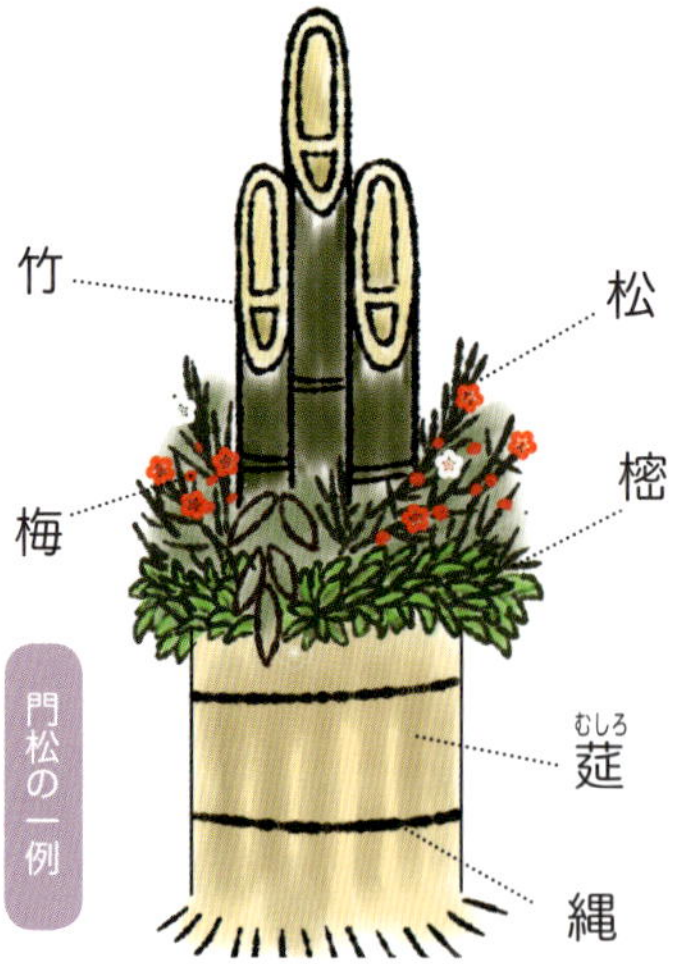

門松の一例

●床《とこ》の間《ま》飾り

鏡餅《かがみもち》は、譲《ゆずり》葉《は》や裏《うら》白《じろ》、橙《だいだい》、昆布《こんぶ》などを用い、御宝前をはじめ床の間などにも飾ります。

ただし、神社などで用いる御《ご》幣《へい》は使用しません。

鏡餅も、十二月三十日までに準備し、正月七日まで飾るのが基本です。

地域ごとの慣習もありますの

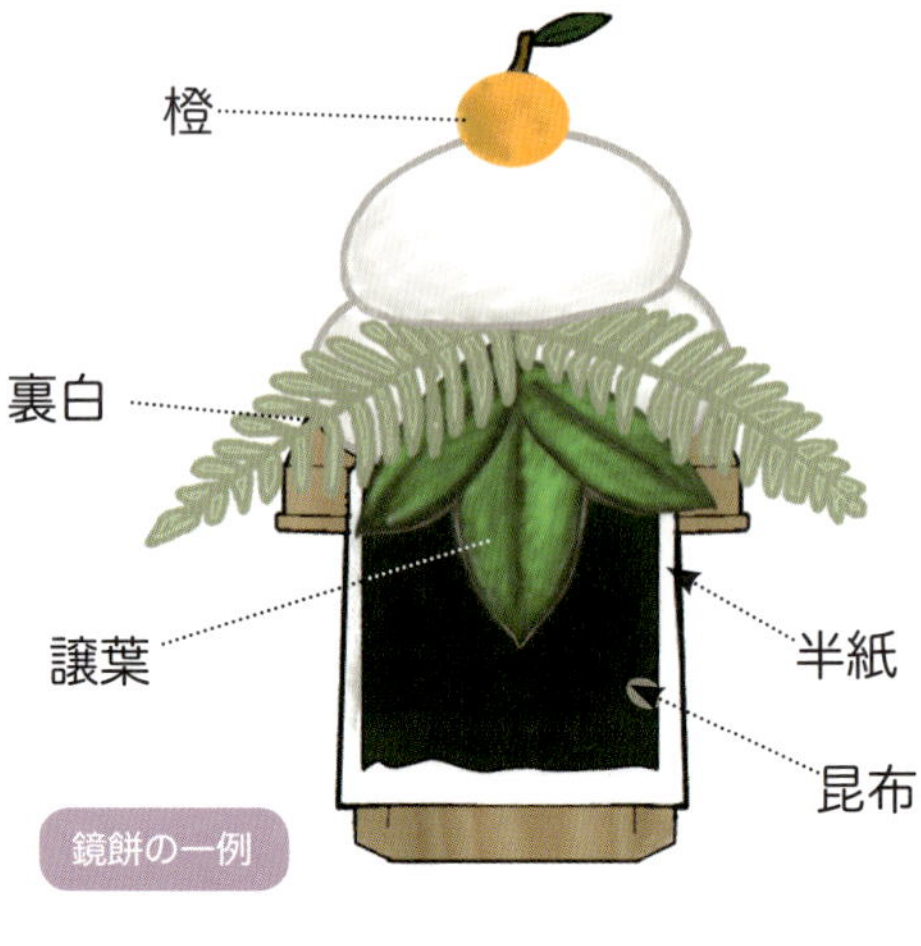

鏡餅の一例

で、飾り付けの期間なども含めて、詳しくは寺院にお尋ねください。

元旦勤行

正月一日は、日蓮正宗寺院において元旦勤行が行われます。

仏法では、「初め」を大事にします。一年の初めに当たる正月にまず、菩提寺に参詣し、御本尊への読経《どきょう》・唱題から始めるところに、きわめて尊い意義と功徳が具《そな》わるのです。

七草粥《ななくさがゆ》

七日の朝、春の七草を炊き込んだお粥《かゆ》を食べる習慣です。

七草とは、せり、なずな、ごぎょう、はこべら、ほとけのざ、すずな（かぶ）、すずしろ（大根）を指します。

中国では、この日に七種類の野菜が入った吸い物を食べ、息災を願う行事がありました。それが日本に伝わり、江戸時代に民間に定着しました。

正月のおせち料理やごちそうで疲れた胃を休め、青菜《あおな》の少ない冬場に栄養を補給するという効用もあります。

成人式

成人の日に、満二十歳を迎えた男女をお祝いします。

「仏法は体《たい》、世間は影」ですから、成人式を迎えるに当たっても、まず寺院に参詣して、菩提寺の御本尊にご報告し、いよいよの精進を誓うことが大切です。

2月

●節分

行事＝節分会／興師会／宗祖御誕生会

如月
きさらぎ
February

●節分《せつぶん》

節分とは、季節の分かれ目の意味で、立春、立夏、立秋、立冬の前日を言います。立春の前日だけ行事が行われるのは、旧暦の新年を迎える前日に当たっており、宮中の大晦日《おおみそか》の行事と結びついたことによります。

本宗でも節分会《え》を寺院で行い、豆をまきます。その際「福は内《うち》」とだけ言い、「鬼は外《そと》」とは言いません。地獄界より仏界に至るまでのすべての衆生《しゅじょう》を利益せしめるのが妙法だからです。

私たちは、常にあらゆる物事を仏法にもとづいて行ってこそ、御本尊からの功徳と諸天善神の加護がいただけることを忘れないようにしたいものです。

●興師会《こうしえ》

日蓮正宗の第二祖日興《にっこう》上人へのご報恩の法要です。

日興上人の祥月《しょうつき》命日に当たる二月七日に、生前、好まれた芹《せり》を御宝前にお供えして奉修されることから、「芹御講《せりおこう》」とも称します。

大聖人から仏法の正義を受け継がれ、後世に正しく伝えてくださった日興上人に、心からご報恩申し上げましょう。

コラム　a column

◆厄《やく》とは

厄の字の意味には、「木の節」を示し、材木に節があると加工が困難なことから、災いや苦しみの意味となったという説、また厄の文字が厂《がけ》と卩《ひと》からできていることにより、崖に臨んで、人が進退に窮《きゅう》したさまをあらわす、という説などがあります。

一般に、男性は２５歳、４２歳、６１歳、女性は１９歳、３３歳を厄年と言っています。この節目について、日蓮大聖人は『日《にち》眼女《げんにょ》釈迦仏供養事』に、

「厄とは譬えて言うならば、サイコロの角《かど》、升《ます》の隅《すみ》、方位の四方であり、人間の身体で言えば節々《ふしぶし》である」（御書１３５２ﾍﾟｰｼﾞ取意）

と仰せられています。つまり厄とは、人生における年齢的・身体的な節目に当たって起こってくるさまざまな障害を言うのです。

寺院に参詣し、住職・主管にご祈念していただくことにより、

大聖人が、

「三十三歳の厄は転じて、三十三の幸いとなる。七難即《しちなんそく》滅《めつ》、七福即生《しちふくそくしょう》とはこのことである。年は若くなり、福もいよいよ重なるのである」

（四条金吾《きんご》殿女房御返事・同７５７ﾍﾟｰｼﾞ取意）

と仰せのように、さまざまな障害を転じて、すばらしい境界になることができるのです。

私たちは、

「大厄に当たっている今こそ、この日蓮に任せなさい」

（太田左衛門尉殿御返事・同１２２４ﾍﾟｰｼﾞ取意）

との、大聖人の仰せを確信すべきです。

厄年の御祈念に関することは、寺院にお尋ねください。

3月

行事＝春季彼岸会

●桃の節句　●彼岸

弥生
やよい
March

●宗祖御誕生会《え》

御本仏日蓮大聖人の御出現をお祝いし、ご報恩のために二月十六日に修される法要です。

総本山では、御影堂《みえいどう》での御誕生会に引き続き、五重塔において読経・唱題する「お塔開き」が修されます。

五重塔が西を向いているのは、大聖人の仏法が中国、インドを経て、世界へ広宣流布する様子になぞらえています。

この法要を機に、いよいよの折伏を誓い合いましょう。

●桃の節句（ひなまつり）

三月三日に、女の子の成長、良縁、幸福を願って行われる行事です。一説には、昔、厄《やく》を払《はら》うために、自分の身代わりの紙人形を作り、川に流す風習がありました。その人形が次第に豪華になり、ひな飾りの形になったとされています。

●春季彼岸会《ひがんえ》

春分の日を中心とする前後七日の間に修する追善《ついぜん》供養の法会を、春季彼岸会と言います。

大聖人は「ただ南無妙法蓮華経の七字のみこそ仏に成る種で

ある」（九郎太郎殿御返事・御書一二九三ページ取意）と仰せられています。

ここに、生きている自分、亡くなった父母や兄弟、先祖が何によって救われ、成仏できるのかが明らかです。

彼岸会に当たり寺院に参詣し、先祖等の塔婆《とうば》を建立《こんりゅう》して、僧侶と共に御本尊に読経・唱題申し上げて回向《えこう》するならば、故人は大功徳《くどく》に浴し、安穏《あんのん》な成仏の境界《きょうがい》へと至ることができるのです。また、その功徳は願主等にも具《そな》わるのです。

4月

行事＝御霊宝虫払大法会／立宗会

卯月《うづき》

April

●御霊宝虫払大法会《ごれいほうむしばらいだいほうえ》

総本山大石寺には、日蓮大聖人の御真筆《ごしんぴつ》の御本尊や御書をはじめ、多くの宝物《ほうもつ》が厳護《げんご》されています。

四月六日・七日に行われる御霊宝虫払大法会は、それらの宝物を後世に伝えるため、湿気を払い、害虫を除く等の必要な手入れをし、参詣者にも披露される、宗門二大法要の一つです。

●立宗会《りっしゅうえ》

御本仏日蓮大聖人は、建長《けんちょう》五（一二五三）年四月二十八日、南無妙法蓮華経の題目を唱え、広く世に向かって宗旨《しゅうし》を建立されました。

この日を記念して、日蓮正宗僧俗がご報恩申し上げる法要が立宗会です。

私たちは寺院に参詣して、さらなる妙法広布への実践をお誓いしましょう。

5月

行事＝大行会

●端午の節句

皐月
さつき
May

●大行会《だいぎょうえ》

五月一日、総本山において、大石寺の開基檀那である南条時《なんじょうとき》光《みつ》殿（大行尊霊）の祥月命日忌《しょうつきめいにちき》の法要が行われます。

時光殿は、上野大石ヶ原の土地を御供養申し上げ、大石寺開創に多大な貢献をされました。

●端午《たんご》の節句

端午の節句には、五月人形やかぶとを飾り、鯉《こい》のぼりを立て、男子の健やかな成長を祈ります。

現在は「こどもの日」として、男子・女子の成長と幸福を願う祝日となっています。

6月

●衣替え　●入梅

水無月
みなづき
June

●衣替え

平安時代に宮中で行われるようになった慣習で、江戸時代には幕府が詳細な決まりごとをつくり、やがて庶民にも広がりました。

現在では大半の地域において、六月一日に冬服から夏服へ、十月一日に夏服から冬服へ、衣替えが行われます。

●入梅《にゅうばい》

暦の上では、立春の日から数えて百二十八日目（六月十一日頃）が入梅です。

現在は、気象庁が天気図や季節感を総合的に判断して梅雨《つゆ》入りの日を発表します。

7月

行事＝盂蘭盆会（東京方面など）

●七夕の節句　●夏の土用

文月
ふみづき
July

●七夕《たなばた》

五節句の一つとして挙げる時には「七夕《しちせき》の節句」と言います。七夕は、七月七日の夜、天《あま》の川の東西にある星、織姫《おりひめ》と牽《けん》牛《ぎゅう》（彦星《ひこぼし》）が年に一度出会うという伝説によるものです。

現在は、短冊《たんざく》などに認《したた》めた願いごとを笹の葉につるしますが、もともとは書道や裁縫《さいほう》などの上達を祈る行事でした。

●夏の土用《どよう》

土用とは、立春、立夏、立秋、立冬の前の十八日間を言います。夏の土用と言えば、一般には立秋前の土用を指します。

昔からこの土用の、干支《えと》の「丑《うし》」に当たる日（年によって異なる）に、うなぎを食べる習慣があります。

8月

行事＝盂蘭盆会
●暑中・残暑見舞い

葉月
はづき
August

●盂蘭盆会《うらぼんえ》（お盆）

盂蘭盆会は、釈尊《しゃくそん》の十大弟子の一人の目連尊者《もくれんそんじゃ》が、餓鬼道《がきどう》に堕ちた母親を救った故事より起こった行事です。

「盂蘭」とは逆さまに吊《つる》す意味で、餓鬼道の飢《う》えや苦しみが、あたかも逆さ吊りの苦しみに似ていることに由来すると言われています。また「盆」には、その苦しみを救う受け皿の意味があります。

盂蘭盆会には、家族そろって寺院に参詣し、先祖の塔婆を立てて僧侶と共に読経・唱題申し上げ、お焼香しましょう。

●暑中・残暑見舞い

暑中見舞いは、暑い時期に親元や仲人、お世話になった人などの安否《あんぴ》を気遣《きづか》う目的で送られる便りです。

暑中とは、二十四節気《にじゅうしせっき》のなかの大暑《たいしょ》に当たる時期で、七月二十三日頃から八月八日頃の立秋の前日までを指します。立秋を過ぎると「残暑見舞い」となります。

9月

行事＝宗祖御難会／寛師会／秋季彼岸会

●重陽の節句

長月
ながつき
September

●重陽《ちょうよう》の節句

九月九日は五節句の一つで、重陽の節句と言います。中国では、数字の九は陽でめでたい数とされ、その九が重なるのは格別の日ということです。

旧暦のこの頃、菊が咲くことから、菊の節句とも呼ばれます。厄を払い、長寿を願って菊の花を浮かべた酒（菊酒）を酌《く》み交わして祝ったと言います。

日本では現在、この時期に各地で収穫祭や菊花祭が行われています。

●宗祖御難会《ごなんえ》

日蓮大聖人は文永八（一二七一）年九月十二日、竜口《たつのくち》の刑場において、命に及ぶ大難を受けられました。この法難によって、これまでの上行《じょうぎょう》菩薩《ぼさつ》の再誕《さいたん》としての垂迹身《すいじゃくしん》を発《はら》い、久遠元初《くおんがんじょ》の御本仏としての本地身《ほんちしん》を顕《あらわ》されたのです。

私たちは、寺院の御難会に参詣し、大聖人の不惜身命・発迹顕本のお振る舞いに対し、ご報恩申し上げるとともに、正法広布を固くお誓いしましょう。

●寛師会《かんしえ》（日寛上人《にちかんしょうにん》祥月命日忌法要）

日蓮正宗中興《ちゅうこう》の祖・総本山第

二十六世日寛上人は、『六巻抄《ろっかんしょう》』『御書文段《ごしょもんだん》』などを著《あらわ》され、大聖人の正義を宣揚されました。

総本山では日寛上人の祥月命日忌に、御法主上人の大導師のもとに法要が修され、ご報恩申し上げるとともに、ますますの広布前進をお誓いする寛師会が行われます。

●秋季彼岸会

秋分の日を中心とする前後七日の間に修する追善《ついぜん》供養の法会を、秋季彼岸会と言います。

秋分の日は、春分の日と同様、昼夜の長さが等しくなる日で、この時に追善供養を修することは「仏は中道を好む」と言われるように、一段と大きな意義と功徳が具《そな》わります。

家族そろっての寺院参詣を心がけ、塔婆を建立して、追善供養をしましょう。

10月

行事＝御会式（全国の末寺　10〜11月末）

神無月
かみなづき
October

●御会式《おえしき》（末寺）

末寺での御会式は、総本山の宗祖御大会《ごたいえ》の意義に準じ、末法の御本仏日蓮大聖人の滅不滅・三世常住をお祝いし、正法弘通をお誓いする法要です。

御会式では、御住職・御主管による『立正安国論』捧読《ほうどく》と布

11月

行事＝目師会／宗祖御大会（総本山）

●七五三祝

霜月
しもつき
November

教区僧侶による御歴代上人の申《もうし》状《じょう》捧読があり、その後、布教講演が行われます。

古来、「御会式に参詣しない者は本宗信徒にあらず」と言われるように、最も大切な法会です。家族そろって、万障繰り合わせて参詣しましょう。

日目上人　天奏の図

●目師会《もくしえ》

第三祖日目上人《にちもくしょうにん》は、生涯をかけて鎌倉や京へ四十二度にも及ぶ国主諫暁《かんぎょう》をされたと伝えられます。そして元弘《げんこう》三（正慶《しょうきょう》二・一三三三）年十一月十五日、京都への天奏の途上、美濃《みの》の垂井《たるい》（岐阜県）において七十四歳をもって入滅されたのです。

目師会は、日目上人の死身弘法・正法厳護のお振る舞いに報恩感謝し、広宣流布をお誓いする法要です。

この法要には、生前に好まれた蕪《かぶ》を御宝前にお供えすることから、「蕪《かぶ》御講《おこう》」とも称されます。

●七五三祝

三歳の男女児、五歳の男児、七歳の女児を対象に、子供の成長を祝う儀式として、十一月十五日を中心に行われます（本書8ページを参照）。

●宗祖御大会

十一月二十・二十一日に総本山で奉修される宗祖御大会は、四月の御霊宝虫払大法会と並ぶ、宗門の二大法要の一つです。

日蓮大聖人は、弘安五（一二八二）年十月十三日に入滅されましたが、その御法魂は本門戒壇の大御本尊として永遠に一切衆生を救済されるのです。

したがってその入滅は、仏の滅不滅・三世常住を示されたものであり、これをお祝いし、一層の広布前進をお誓いする法要が宗祖御大会です。

12月

●冬至 ●大晦日

師走
しわす
December

●冬至《とうじ》

現在の暦の十二月二十二日前後、一年で昼の時間が最も短くなる日のことです。

冬至には、ゆずを浮かべた「ゆず湯」に入ったり、かぼちゃを食べる習慣があります。

●大晦日《おおみそか》

毎月の末日を晦《みそ》日《か》と言い、十二月三十一日を大晦日と言います。

年が明けて行われる元旦勤行は、信心している者にとってまことに大切です。

大聖人は「正月をもてなす人は徳が勝り人から愛されるようになる」と、正月の過ごし方の重要性をご教示されています。

元旦には、寺院に参詣できるよう、大晦日から備えましょう。

二《に》十《じゅう》四《し》節《せっ》気《き》

1	【小寒しょうかん】1/6 ごろ。寒さが極まるやや手前。
	【大寒だいかん】1/21 ごろ。1年で最も寒さが厳しい時。日が次第に長くなり、春へ向かう時期でもある。
2	【立春りっしゅん】2/4 ごろ。初めて春のきざしが現れてくる。この季節に入って最初に吹く南寄りの強い風が春一番。
	【雨水うすい】2/19 ごろ。降る雪が雨へと変わり、氷が溶け出す時。農耕の準備を始める目安とされる。
3	【啓蟄けいちつ】3/6 ごろ。陽気に誘われ、土の中の虫が動き出す。一雨ごとに春に近づく。
	【春分しゅんぶん】3/21 ごろ。太陽が真東から昇り、真西に沈む日。二十四節気の大きな節目の一つ。
4	【清明せいめい】4/5 ごろ。すべてのものが清らかで生き生きとする時。若葉が萌え、花が咲き、鳥がさえずる。
	【穀雨こくう】4/20 ごろ。穀物をうるおす春の雨が降る。この季節の終わりに、夏の始まりを告げる八十八夜が訪れる。
5	【立夏りっか】5/6 ごろ。次第に夏めいてくる。あおあおとした緑、さわやかな風、心地よい季節。
	【小満しょうまん】5/21 ごろ。生命力が次第に満ち、草木も花々も、鳥も虫も人も、日を浴びてかがやく季節。
6	【芒種ぼうしゅ】6/6 ごろ。穂の出る植物の種をまく時期。
	【夏至げし】6/22 ごろ。1年で最も日が長く、夜の短い時。これから夏の盛りに向かい、暑さが日に日に増していく。
7	【小暑しょうしょ】7/7 ごろ。梅雨が明け、本格的に夏になる。この小暑から立秋までが、暑中見舞いの時期。
	【大暑たいしょ】7/23 ごろ。最も暑い真夏。土用のうなぎ、風鈴、かき氷、花火などが風物詩。
8	【立秋りっしゅう】8/8 ごろ。かすかに秋の気配がしはじめる。暑い盛りだが、これ以降は残暑という。
	【処暑しょしょ】8/23 ごろ。暑さが少しやわらぐ。朝の風や夜の虫の声に、秋の気配が漂う。
9	【白露はくろ】9/8 ごろ。大気が冷えてきて露を結ぶ日も。
	【秋分しゅうぶん】9/23 ごろ。昼夜の長さが同じになる日。
10	【寒露かんろ】10/9 ごろ。露が冷たく感じられてくる。
	【霜降そうこう】10/24 ごろ。朝夕ぐっと冷え込み、この時期から12月にかけて、山のほうから次第に平野にも霜が降りる。
11	【立冬りっとう】11/7 ごろ。冬の気配が感じられてくる。
	【小雪しょうせつ】11/22 ごろ。そろそろ雪が降り始める。
12	【大雪たいせつ】12/7 ごろ。いよいよ本格的に雪が降り出す。
	【冬至とうじ】12/22 ごろ。1年でもっとも昼が短く、夜が長い。

付録

慶弔袋の表書きと水引

参列する際に用意する表書きの例

	御供養	葬儀	法事
表書き例		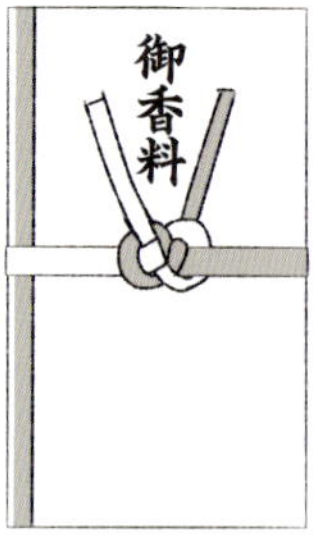	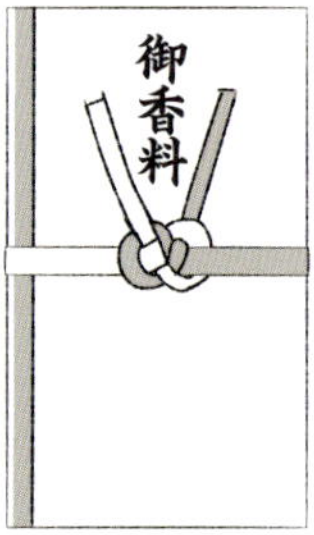
表書き	「御供養」	「御香料」 「御香典」	「御香料」 「御供」 など
水引	紅白の蝶結び	黒白か双銀結び切り	黒白か双銀結び切り

お返しの掛紙例

		葬儀	法事
	※葬儀や法事等の主催者・願主が寺院に供える御供養は、「御香料」「御香典」「志」とは書かず、「御供養」とします	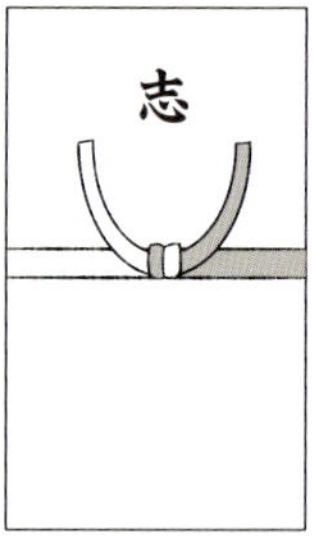	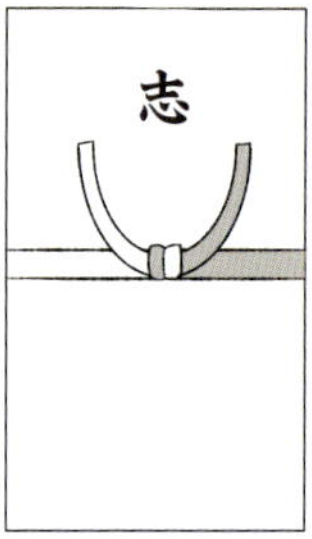
		香典を頂いた人には香典返しとして返す。最近では葬儀当日が多い	引き出物としてお返しする

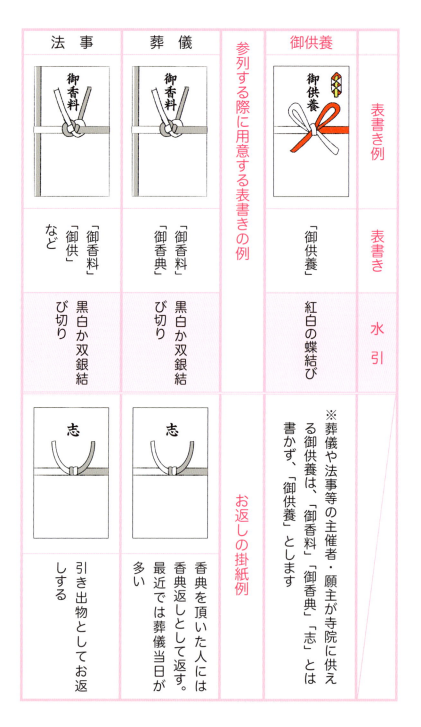

	結婚祝い	出産祝い	新　築	見舞い
表書き例	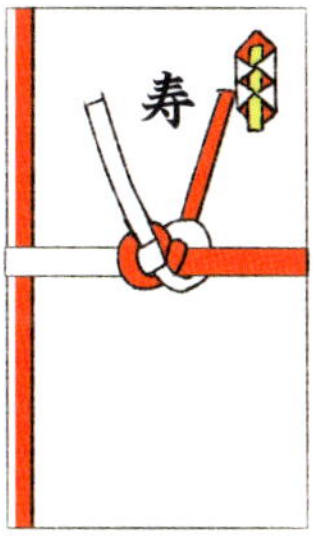			
表書き	「寿」「御結婚御祝」など	「御出産御祝」など	「新築御祝」など	「御見舞」「御伺い」
水引	紅白か金銀の結び切り	紅白の蝶結び	紅白の蝶結び	赤線入りの白封筒か、紅白結び切り
お返しの掛紙例	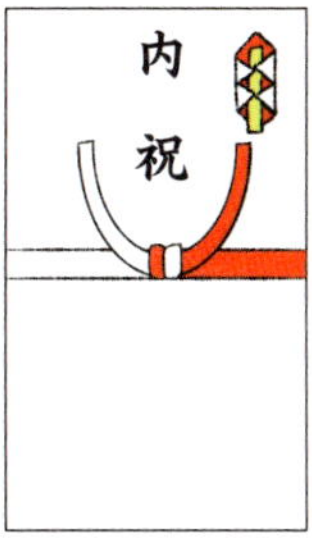			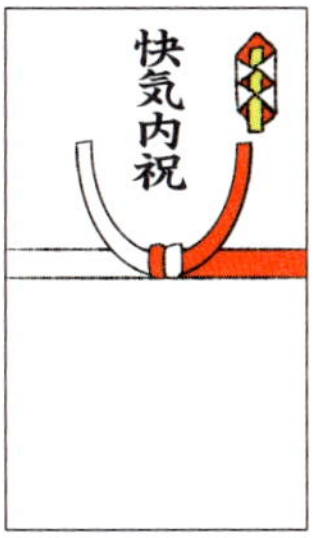
	お祝いを頂いた人には、半額程度の品を内祝いとして返す	内祝の下は子供の名前を書く。頂いた半額程度の品を返す	新築披露に招待してもてなしたり、記念品や食器などを贈る	退院から一～二週間後に「快気内祝」として贈る。水引は結び切り

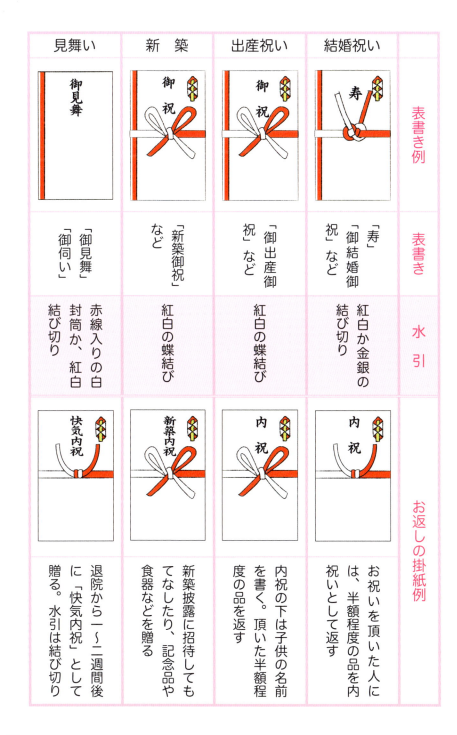

日蓮正宗の冠婚葬祭

平成30年1月1日　初 版 発 行
令和6年7月1日　第5刷発行

発行所 —— 株式会社 大日蓮出版
〒418-0116
静岡県富士宮市上条546番地の1

http://www.dainichiren.com
（弊社の出版物についてご覧になれます）

印刷所 —— TOPPANクロレ株式会社

ISBN978-4-905522-66-9